生活因阅读而精彩

生活因阅读而精彩

胜任 COMPETENCE

HOW TO CULTIVATE A GLOBAL VIEW

管理者如何培养大局观

兰涛◎著

中国華僑出版社

图书在版编目(CIP)数据

胜任：管理者如何培养大局观 / 兰涛著.—北京：中国华侨出版社,2014.5

ISBN 978-7-5113-4588-2

Ⅰ. ①胜… Ⅱ. ①兰… Ⅲ. ①管理学 Ⅳ. ①C93

中国版本图书馆 CIP 数据核字(2014)第087937 号

胜任：管理者如何培养大局观

著　　者 / 兰　涛

责任编辑 / 严晓慧

责任校对 / 孙　丽

经　　销 / 新华书店

开　　本 / 787 毫米×1092 毫米　1/16　印张/16　字数/230 千字

印　　刷 / 北京建泰印刷有限公司

版　　次 / 2014 年 12 月第 1 版　2014 年 12 月第 1 次印刷

书　　号 / ISBN 978-7-5113-4588-2

定　　价 / 29.80 元

中国华侨出版社　北京市朝阳区静安里 26 号通成达大厦 3 层　邮编:100028

法律顾问:陈鹰律师事务所

编辑部:(010)64443056　64443979

发行部:(010)64443051　传真:(010)64439708

网址:www.oveaschin.com

E-mail:oveaschin@sina.com

前言

QIANYAN

有大局观方能成大事。格局太小，一件小事都容不下，更谈不上胸怀世界。因此，对于管理者，最基本也是最重要的一点要求就是要有大局观。

所谓大局观，就是能够把目光放长远，能够把握好整体和局部的利益，能够分清主要和次要的矛盾，不因小失大，对待问题能够作出快速的反应和决策，以此来实现整体利益的最大化。

应该说，大局观就是一种胸怀、一种能力、一种修为、一种内涵。无论是哪个行业，有大局观的人一般都是团队的核心人物，能够影响甚至决定组织的未来。可以说，有没有大局观，是衡量一个管理者带领团队能力强不强的重要标志。拥有大局意识，设计超凡格局，是一个卓越管理者必须具备的基本素质。

“不谋全局者不足谋一域，不谋万世者不足谋一时” 。古人都明白缺乏大局观的害处，处于现代社会中的我们更要在自己的工作岗位上做到远见卓识，谋全局，顾大局，养成从全局思考和处理问题的习惯。

基于这一认识，我们撰写了本书，从思想意识到具体行动，再到检验标准，全方位、多角度地阐释了大局观的重要性、必要性及具体训练方法，相信读后定能为你的实际领导工作带来极大帮助，久而修炼之，你将慢慢拥有登临泰山之巅的感觉——会当凌绝顶，一览众山小。

第❶个修炼
一切从大局出发

良好的大局意识是一个人发展进步的成事之基、立命之本。作为领导干部，一定要从事业出发，从集体的利益出发，也就是一切要从大局出发。只有这样，才能真正发挥好“班长”的作用，才能带领众人团结协作、共创大业。

第❷个修炼

在大局下行动

“不谋全局者，不足以谋一域”。坚持在大局下行动，对领导干部来讲，就是自觉服从于企业和集体工作的大局，服从、服务于企业和集体建设的全局。只有胸中有全局，行动顾大局，才能明确工作的方向，进而让企业以稳定持续的速度发展。

第六章 如何做到防患于未然

第七章 如何做到主动应变

第八章 如何做到开拓创新

第❸个修炼
用大局来检验

一个真正顾全大局的领导干部应具备以下品质：博大的胸怀、强烈的责任心、强大的抗压能力，以及自律能力。也就是说，只有具备了这些优良品质，才算是具备了坚定的立场和良好的大局观念。相反，如果没有宽广的胸怀，缺乏责任心等，那么即便具备了大局意识，工作也仍会原地踏步、停滞不前。

第4个修炼
为大局做贡献

领导干部象征着某种职位，也象征着特定的人生舞台。只有做到真正热爱并专注于自己的工作，才能准确把握工作定位，才能在自己的这方舞台上跳出优美的舞姿。这样做，也体现了一个领导干部懂得把大局落实在行动上，促进其在执行中贡献自己的能量，为集体创造更多的财富，同时也让自己充分实现人生的价值。

第十四章 快得起来

第十五章 求真务实

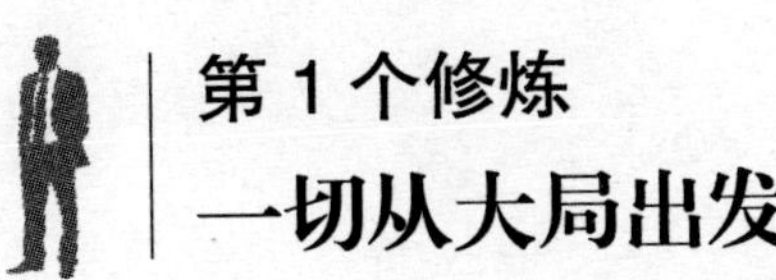

第1个修炼
一切从大局出发

良好的大局意识是一个人发展进步的成事之基、立命之本。作为领导干部，一定要从事业出发，从集体的利益出发，也就是一切要从大局出发。只有这样，才能真正发挥好“班长”的作用，才能带领众人团结协作、共创大业。

第一章 ／ 远与近的眼光

眼光是否长远，直接决定了其领导之路所达到的高度。只有具备了超越常人的眼光，才能先于别人发现现实中所蕴藏的机会，规避现实中会遇到的风险，从而带领自己的团队一步步走向成功。

◎没有远虑，则必有近忧◎

领导干部不仅要完成今天的任务，还要完成明天的规划，有时，今天的困难就是因为昨天没有作准备。如果一个人没有长远的打算，那么就会有很多麻烦主动找上门来。

在公司里，最优秀的人才往往是那些具有大局观的人，他们认同公司的价值观，愿意为公司的远景规划和使命而努力，会致力于实现短期目标和终极目标。他们最大的满足感在于，他们了解自己现在所做的努力，可以让公司成为一个伟大的公司，尤其是公司面临危机的时候，他们懂得如何取舍。

诚然，一个人能坐到领导的位置，基本上工作方面的能力是没有什么问题的，但是要想成为公司的灵魂人物，我们不仅要很好地完成眼前的工作，还要多想想明天的事情该怎么办。因为做任何事情都要服从大局，长远地为公司着想，将个人目标与企业大局相结合。只有这样，公司才能更好、更快地发展，我们自己也才能有升职和加薪的机会。

某公司要被一家法国企业兼并了，公司老板召开全体中层管理者大会。在会上，老板对大家说："我们本来是不打算裁减人员的，但是，如果你们当中谁的法语太差，不能跟其他员工进行正常交流的话，那么我们不得不请他离开。下个月，我们将进行法语考试，只有通过的人才能继续在这里工作。"

散会后，几乎所有的人都马上出去找人或者找书学习法语，但是一位名叫张海涛的小主管却像往常一样直接回到了家里。由于张海涛在公司一直很低调，而且学历又低，所以人们就认为他准备放弃了。但是出人意料的是，当考试结果出来时，他竟然考了最高分。

上司笑着对他说："你小子，真行啊！没想到我一直看走眼了！"他谦虚地回答："您过奖了，其实，我的能力在各位同事当中偏低，所以我早在公司准备和法国公司合并之初，就开始笨鸟先飞了。"后来，由于张海涛的法语熟练，工作也没有问题，他得到了比其他同事更多的机会，很快就得到了一次提升。

有准备会让你成为事业上的先行者。在工作中，只有时刻关注环境的变化，不断改变提高自己，才能保住自己的竞争优势，保证自己的"地盘"不受侵犯并获得更大的发展。

因此，作为领导干部，不管任何事情都要看得长远一些、全面一些。从一定程度上讲，眼光有多高好，不仅决定了我们能将企业带到何种高度，也决定了我们个人会达到什么样的高度。看看职场中那些优秀的职业经理人，几乎都考虑得比较远。正是这种远虑，让他们成了优秀的领导干部，也让他们在各自的岗位上创造出了辉煌的成绩。

盛田昭夫是日本索尼公司的创始人，在日本素来有“经营之圣”的美称。他在索尼有一个完美的开端和过程，也有一个备受争议，甚至有点悲凉的收场。

在索尼任职期间，盛田昭夫的决策一向是英明而正确的，但他晚年却进行了一笔当时被人们看作是荒唐透顶的并购。

1989年9月，索尼斥资48亿美元将哥伦比亚电影公司及其关联公司一并收购。对于此次收购，在很多经济学家和管理大家看来，实乃索尼的“发疯”举动，他们断言此次收购会将索尼推向万劫不复的深渊。这是因为，当时哥伦比亚的股价为每股12美元，但索尼的出价却是每股27美元。这样一笔看起来亏本的买卖，怎能不让人错愕呢？

果然，之后事件的发展被那些不看好此次并购的专家们言中。从收购那天到1994年9月30日，哥伦比亚公司累计亏损31亿元，创下了日本公司公布的亏损之最。在此局面下，索尼公司似乎大势已去，大厦将倾。面对如此沉重的压力，盛田昭夫有些招架不住了，很不幸他在1992年又染上中风，从此不再处理索尼的经营决策与管理事务。

然而，上帝似乎总是在和人们开玩笑，历史和时间也似乎在检验着真正的成功与英雄。当时间的脚步迈入21世纪时，人们逐渐惊讶地发现，原来当年盛田昭夫那一笔看似是“失误”的亏损并购，却是他为索尼留下的最“值钱”的东西。

想当初，那些死死抱着利益损益表在斤斤计较眼前的经济利益、却看不到盛田昭夫良苦用心的人万万没有想到，他用自己特有的眼光洞见了21世纪索尼赖以存活的根基——视听娱乐，而且用其敏锐的商业直觉，觉察到了好莱坞的知识产权对索尼发展的巨大战略意义。

发展至今，虽说索尼公司遇到了一些暂时的困难，但是业内人士仍然纷纷看好索尼，因为它围绕着家庭视听娱乐而展开的完整产业链和从内容、渠道、网络到终端的商业体系，必将使之摆脱目前的危机，摘得家庭电子娱乐霸主的桂冠。

由此，我们可以看出，正是盛田昭夫战略家的超前眼光和企业家的过人胆略，告诉了人们50年后的索尼靠什么存活、凭什么竞争这一系列问题的答案。

一次备受争议的抉择，有人拍手叫好，有人怨声连连。直到多年之后，人们才不得不由衷地钦佩这位优秀的企业家。盛田昭夫的一招妙棋，让索尼找到了今天的“金饭碗”，也让人们认识到了优秀领导者的价值。

综观现实，很多领导干部最常犯的错误，就是总是在当前的工作中无法自拔。有的人甚至说，在企业追逐效率的前提下，工作团队根本不够用，如果自己不忙碌地工作，根本就不可能完成任务。其实，这样的想法是个错误。有些人之所以今天完不成任务，很可能是因为他们昨天的规划不合理，结果导致他们做的都是无效工作，并且让整个部门的人都跟着自己无效工作。

由此说来，作为一名领导干部，一定要对明天的事情作好分析、想象、规划，然后第二天早晨，把下属能做的事情全部交代下去，而自己只做必须有“我”才能完成的事情。

如果我们做到这一点，那么就可以说是具备了一个合格领导应该具备的敏锐眼光。这时候，成功离我们也就只有咫尺之遥了。

因此，每个有志于成为一名优秀领导的人才，都应该格外培养自己的眼光，开阔自己的视野，提高发现机遇的能力。当我们具备了睿智的眼光时就会发现，自己已经能够轻松地洞察到事物的本质，能够在变化无穷的市场环境中作出最好的决策。

◎看得远才能走得更远◎

没有任何一条路比远方的路更吸引人了。

如今，社会已经进入超竞争的时代，任何一家企业或产品若想获得成功，都离不开企业的领导力。这也是为什么薪资高达数百万美元的企业领导者已经并不鲜见的原因。那么什么才是卓越的领导力呢？其实，卓越的领导力就是要有大局意识，要有高瞻远瞩的眼光。

领导干部一定要有大局意识，那么大局意识主要指的是什么呢？

大局意识指的是一个人要拥有看得长远，不计眼前得失，从而得到最长远、最广、最多的利益的思想。可以说，一个领导者要有大局意识，必须先看得远一些，全面一些。眼光有多高，决定了一个人的领导者之路能达到什么高度。

所以，想要成为优秀的领导人，首先就要培养自己卓尔不群的眼光，这对我们的发展有着举足轻重的作用。一旦具备了超越常人的眼光，我们就能先于别人发现现实中所蕴藏的机会，尽可能地规避现实中会遇到的风险，带领自己的团队一步步走向成功。

1975年，一个羞涩的男生向世界名校哈佛大学递交了自己的退学申请，因为他想去做一件他认为比学习更重要的事情。二十多岁的时候，大多数人都在校园里学习，对他们来说学习才是更重要的事，更何况哈佛这个世界最著名的高等院校，拥有了一张那里的毕业证书无疑就给自己的人生上了一份保险，而选择退学，在很多人看来简直是一项疯狂的举动。

那么他认为的这件更重要的事是什么呢?

他想建立一家属于自己的电脑公司。

他的这一行为遭到了很多人的不解，即使想创业，大学毕业后再做，岂不是更好吗? 他的母亲还专门请来当地一位靠自己白手起家的千万富翁给他做思想工作。他不想再屈从父母的意见了，便振振有词地辩解说，个人电脑时代已经到来，这正是他大展宏图的好机会。在听完这个热血青年一番激动而又绘声绘色对未来蓝图的描绘后，这位千万富翁被打动了。他心里开始相信，这将是个有一番作为的青年。

于是富翁由衷地说：“任何一个对电子学略有所知的人，都应该明白这确实存在，并且新纪元确已开始。”听了这话，男生更是下定决心。他退学后，整天把自己关在小屋里，专心致志地做着自己的研究。经过几周的潜心努力，他终于取得了重要成果。他的研究成果一经问世，就引来全世界的关注。在他的引领下，计算机科技登上了一个新的历史高峰。不久，他就创建了自己的IT帝国。

说到这里，这个男生恐怕大家都知道了吧！他就是比尔·盖茨先生。

其实，任何一种产业，在一开始都只是一种很偶然的现象，当有人发现了这个机会后，它才逐渐形成为一种行业，进而进化为一种产业。而其他人则跟随这个发现者，另外大部分人便成了他的消费主体。

不是没有机会，只不过是你看不见机会。优秀的领导者一般都是看得比较远的人，面对时代的发展趋势，在机会一闪即逝之间，他们就能发现其中所蕴藏的契机，从而获取每一次商机，成为时代的弄潮儿，竞争中的胜者。而平庸的领导者则恰恰相反，他们中的大部分只能成为这些优秀领导者的追随者。

休斯先生少年的时候对新闻行业很感兴趣，从明尼苏达大学新闻系毕业后，他就一直在一家报馆任记者。他在这家报社干得很不错。很多人都这样想，如果他继续干下去的话，说不定不久就能在新闻界小有成就。但是，突然有一天，他辞职了，宣布要做一名发明家。

当时正是美国电力工业迅速发展的时期，休斯决定要在电器业上搞出发明，以此来创业。

发明对于专家来说都不是一件说做就能做的事，更别说对电器知识了解并不多的休斯了。所以，亲朋好友们都苦口婆心地劝他赶紧放弃，但他却不为所动，他从电器的基础知识开始学起，很快就掌握了电器领域中的精髓。

休斯到朋友家去做客，朋友打算炒几个好菜来招待他。菜是在煤油炉上炒出来的，朋友炒菜的时候，不小心把一滴煤油掉进了菜里，结果菜的味道特别难闻。

休斯一下子灵感来了，他想，做饭是家庭主妇最基本的一项工作，如果我能发明出一种用电的炉子，不是又省事、又能避免煤油炉的缺点吗？有了方向后，他马上开始潜心研究起“通电”的炉子。

他反复试验，不知失败了多少次，也不知被“电老虎”伤过多少次。经过了差不多四年的时间，他终于研制出了世界上第一个电炉。电炉本身的优点，再加上休斯的大力宣传，电炉迅速地走进了美国的千家万户。

古往今来，也存在没有预见而获得成功的领导者的事例，但这种事例大都有其偶然、特殊的原因与条件，虽然可以一时得志，但往往不能持久。在绝大多数情况下，“不预则废”才是必然。没有一定的预见能力，一般都难逃厄运。

一个领导人如果缺乏大局意识，看得不够遥远，凡事不懂得或不愿意作一些估计、判断，就好比“盲人骑瞎马，夜半临深池”，即使大难临头也浑然不知。

当然，没有人天生就能看得很远，所有看得远的领导者都是通过不断地自我修炼而实现的。只有勇于面对自己的弱点，勇敢地挑战舒适的现状，才能成为一个具有长远目光的领导者。否则，只是躲在自己的舒适区内，抗拒改变，就只能是一个平庸的管理者，最后被竞争所淘汰。

关于如何培养自己长远的眼光，以下几个方法值得借鉴。

1.善于学习

领导者一定要通过不断地学习来提升自我，通过学习来充实自己，提高自己的预判能力。现在很多企业的领导层都陷入了“中年危机”，主要原因就是不像年轻的时候那么爱学习了。

2.自律

领导者一定要有严格的纪律性，它能让人一直保持对工作的激情，也能享受到这种激情所带来的乐趣。

3.自我平衡

企业领导人也是一个注重生活平衡的人，他们在努力工作带领公司走向更高层次的同时，也时刻注意自己的婚姻、家庭、精神上的和谐与平衡，让自己以最完美的面貌去实现企业和自身的最大价值。

当然，没有人能在一瞬间就培养出自己卓越的眼光，企业的领导只有通过日复一日地刻苦修炼，才能成为一个行业的引领者。

◎迈出一步时，看看三步外◎

我们考虑工作中的问题要有全局眼光，要走一步看三步，在解决这个问题时要想到对另一个或另一些问题是否有利，不能就事论事，只见树木，不见森林。

随着时代的进步，科技的发展，人与人之间的关系、事与事之间的联系，也变得越来越复杂。若想将各种关系、各种问题处理得清清楚楚，就一定要看得更长远、考虑得更全面一些。以前，早起的鸟儿有虫吃，人们只需要早早地起来努力工作就可以得到一个好前程。但是现在却不能了，社会竞争太激烈了，企业的领导干部比普通人承担着更多的责任，不仅要做早起的“鸟儿”，还要做到能走一步看三步。

章成和刘春同在公司销售部做销售助理。两个年轻人工作都很努力，刚进公司的时候，能力都差不多。但是，之后的发展却让两人的差距越来越大。

一天，章成正埋头在一大堆客户资料中焦头烂额地进行分类。前台打电话过来，说他预约的一个客户按时来到了公司，正在找他。他这才想起这宗早已预约好的签单业务。他满怀歉意地请客户来到洽谈室，这才发现应该复印的文件和资料，以及产品的说明书都还没有准备好，不禁大惊失色，连声道歉，匆忙跑去复印。等一切准备就绪后，章成发现客户已经十分不耐烦了。可当他满怀歉意地向客户介绍产品的性能时，又出现了问题，原来他在慌乱中把产品说明书给复印错了。这次客户没有再等待，直接转身离开了。

送上门的单子就这样被自己给弄丢了，章成别提有多丧气了。经理了解情况后，并没有批评他，只是对他说："明天刘春也有一个签单业务，你好好看看他是怎样做的吧。"

第二天，刘春按照预约的时间，笑容可掬地站在洽谈室门前等待客户的到来。客户没有迟到，但还是对刘春的等待多少有些意外。可以看得出来，这种尊重客户的态度让客户很满意。章成想起昨天自己对客户的态度，脸不由得红了起来。只见刘春不慌不忙地打开文件夹，里面的产品资料、使用说明及文本合同一应俱全，他有条不紊地向客户介绍产品的情况，把近期公司举行的优惠活动详细地告诉了客户，并且站在客户的角度提出了一些非常有益的建议。

最后，刘春对客户说："听说贵公司最近又要在北京开设一家分公司，我想，贵公司在短期内可能还要引进我们公司的设备。如果您愿意的话，可以在这次订货中一起购置所需设备。这样，不仅可以因订货数量多而享受更多的优惠，还可以省去一些不必要的装运费用，您看怎么样?"客户显然是动心了，马上给总公司的负责人打了电话，当得到肯定的答案后，将最初要订100万美元的货物增加到了200万美元。

章成在一旁看得目瞪口呆，他本来对刘春每个月拿到的工资比自己多有点不服气，现在终于知道自己和人家的差距在哪里了。

同样是具有工作热情的两个人，工作的结果却大大不同，原因就在于章成没有"迈出一步时，看看三步外"。当他开始一天的工作时，他就应该先认真地想想今天工作的主要内容是什么，然后合理地分配时间。

简言之，一个人一定要看得长远一点，没有必要把精力花在那些意义不大的事情上。事实上，很多人并不是对工作没有激情，也不是说他们没有责任心，而是他们没有大局意识，没有做到"走一步，看三步"。结果，因为他们没有计划或准备，事情稍微出现一点意外，他们就很可能失败。

刘邦起兵后，萧何一直在后方负责粮草供给，从来没有让刘邦失望过一次。萧何每到一处，就立刻派人去收集法令制度图书文献，而不是像其他将官那样忙着抢掠财物。

刘邦之所以能知道天下各地的要塞、户口的多少、形势强弱的地方、人民痛苦的事情，就是因为萧何获得了秦朝的全部地图、书籍等资料的缘故。

刘邦入关后，迅速地实施了一系列极有远见的政治措施，废除了苛酷的秦法，跟百姓们约法三章：杀人者，死；伤人者，抵罪；盗，抵罪。官吏都依原来位置，全不迁动。国人听了约法三章大喜，争先持牛羊酒食献给沛公的军士。

但是刘邦没有接受，他说："你们得到这些食物也不容易，我们怎么能接受呢？"百姓们听后更为喜悦，唯恐沛公不做秦王。这些安民措施，为刘邦迅速争得了民心。对于他日后经营关中，并以此做根据地与项羽争雄天下，奠定了良好的政治基础。

故事中刘邦的做法堪称绝妙。正是他这种高瞻远瞩的战略眼光，为他后来奠定基业起到了重要作用。

记得有位企业家曾经说过："你有走一步看到三步后的本领，那么你就能成为一名优秀的领导者，可以管理一个部门或者一家小公司；如果你能走一步，看到十步后的结果，那么你就能成为一名优秀职业经理人，可以管理一家大型企业。"

做任何事情，只要你比别人能多看到一步，那么取得胜利的把握就会更大。古人云："凡事预则立，不预则废。"做任何事情，我们都要既面对现实，又想到将来；既重视眼前利益，又要关注长远发展。正所谓未雨绸缪才能防患于未然。

◎着眼于长远的同时，更要立足于当前◎

只有做好当下，才是真正地服从大局，也才能更好地做好以后的事情。

一个人要想在未来取得一番惊人的成就，就需要有长远的眼光。那么是不是看得远就一定能走得远呢？答案无疑是否定的。因为走得远不仅需要你看得远，还需要你有走得远的本事。

做领导也是如此。我们想在事业上有所建树，于是在很早以前就给自己定下了一个目标。但要想实现这个目标，就需要我们努力把上级交代的任务全部做好。这样做，是为我们长远的目标做好铺垫，打好基础。也就是说，只有让长远的目标和当下的努力相结合，我们才有机会成为自己期望中的角色，也能在机会来临时，有能力把握住。

辛西娅是一家规模不小的高科技企业研发部的小组长，他的工作能力没有什么可以挑剔的。他觉得自己早晚会坐上他们部门主管的位置，所以，工作之外，他阅读了大量关于如何建设团队、管理团队的知识。除此之外，他还经常找机会和他认为成功的团队领导者沟通，听取他们的成功经验。

辛西娅有一位名叫汤姆的同事，他也是一位成绩斐然的工程师，担任研发部另一个项目的小组长。汤姆认为自己的技术比辛西娅强一些，所以他觉得一定可以先得到晋升。但是，半年之后，他们的主管被调走，辛西娅被任命为主管，而汤姆仍然担任之前的小组长。他想破脑袋也想不通，为什么晋升的不是他，而是那个在他看来样样都不如自己的辛西娅。

汤姆越想越气愤，于是他找到了之前的上司，质问他为什么不让自己来顶替主管的位置。

“汤姆，我承认你是一位优秀的工程师，但是你还不是一位合格的领导。你带的那个小组中的成员经常会发生一些矛盾，虽然你们也按要求顺利地完成了任务，但是你确实可以做得更好。”上司打算继续说，但是汤姆马上就打断了他的话。“好了，我不想听这些，我就想知道为什么你觉得辛西娅就合适?”汤姆质问道。

“辛西娅确实比你合适，虽然他的技术能力比你差一些，但是每次都能提前完成任务，而你们却只能按时完成任务。更重要的是，他在还没有成为主管的时候，就已经学习了如何管理团队的知识。”上司缓了口气，继续说道，“汤姆，这些都是你不如他的地方。”

一名优秀的领导干部，要有卓尔不群的眼光，有善于发现机会的能力。但是，如果没有做好准备的话，即使机会来了，你也抓不住。机遇诚可贵，眼光价更高，而比眼光更值钱的就是要做好当下。连当下都不珍惜的人，即使看出买哪张彩票能中500万，但却拿不出几十块钱来买彩票，又怎么能中大奖呢?

闻名世界的麦当劳快餐创始人兼总裁雷·克罗克是一个很有战略眼光的人，他善于在商海中寻找机遇，麦当劳的崛起就得益于他这份独到的眼光。

有一次，雷·克罗克接到了一份订单，上面写着要求订购14台制奶机。雷·克罗克拿到这份订单后喜出望外，觉得这是一笔大买卖，于是决定和客户见上一面。殊不知，这次见面不仅使美国产生了一个新兴的快餐业，也改变了雷·克罗克后半生的命运。

原来，这位客户正是如今早已家喻户晓的麦当劳兄弟。当时，麦当劳兄弟正在合伙经营着名为“麦当劳”的快餐馆。餐馆的规模不大，品种也不丰富，主要是汉堡和炸薯条。

出于好奇心理，雷·克罗克品尝了麦当劳餐馆的食品，没想到一下子就被他吸引了。当然，吸引他的不只是食品的美味可口，更主要的是麦当劳兄弟独特的经营方式。因为雷·克罗克发现，麦当劳兄弟采用的是流水线生产汉堡包和搭售炸薯条的营销方式。他们在制作和销售过程中，采用的是标准化牛肉小馅饼、标准化配菜系列，不仅如此，他们还采用红外线灯照射以保持炸薯条的清脆可口。由于食品口感好、分量足，并且很快捷，“麦当劳”的食品很受当地居民的喜爱。

此外，有一个巨大的拱形“M”招牌也吸引了雷·克罗克的注意。在当时，所有的麦当劳餐馆中都有这样一块牌子，名字也都叫作“麦当劳”，显然，这已经有了联合销售、联合经营的发展趋向。

尽管麦当劳有很多可圈可点的地方，但雷·克罗克经过周密考察，还是发现他们的经营思路并不是完美的。在雷·克罗克看来，麦当劳兄弟有个致命的弱点，那就是思想比较保守落后，而且过于满足现状。因此，他们对于进一步开发拓展业务和发展分店似乎兴趣不大。

所有这些，都给雷·克罗克留下了难以磨灭的印象。

但是，雷·克罗克没有放弃，多年的推销员生活和对饮食业发展趋势的了解告诉他，麦当劳餐馆的这种生产和销售模式非常重要，只是需要改进。因此，他并不急于签订出卖制奶机的合同，而是留在加州连续考察了一周。

这7天中，雷·克罗克一刻都没有闲着，他马不停蹄地四处打听，不断地观察，结果又有了新的发现。当时，他告诉自己：人生的转折时机就要来临了。

就在1960年，雷·克罗克甩出了令人惊异的大手笔，出资340万美元买下了麦当劳兄弟的全部资产和经营权。这在美国的经商史上，算得上开创了一个新的奇迹。

后来，雷·克罗克跟人们解释说："当我遇到麦当劳兄弟时，已有多年准备了。以我多年在食品、饮食业中推销的经验，我有足够的能力去判断机会是否真正来临。"

雷·克罗克的成功得益于他当初睿智的眼光。同样的道理，作为领导干部，一定要有大局意识，遥望将来的同时，一定不要忽视了现在。因为看到的将来，是我们在当下所努力的结果。如果当下不努力，我们期待中的美好的将来自然也就不存在了。

第二章 ╱ 主与次的甄别

问题有大小，事情有主次。有些事从局部来看很重要，但是对全局来说却可有可无。这时候，就应当让局部服从全局，先做对大局有利的事情。只有先做对大局来说最重要的事情，才称得上是一个称职的领导干部。

◎集中精力，做最重要的事情◎

管理学中有一个理论叫作“弱水三千，只取一瓢”，讲的就是如何培养“核心竞争力”。除此之外，更是一种提醒：一次只做一件事，并且这件事必须是最重要的。

在写这一节的时候，我们首先要提一个问题那就是我们为什么要集中精力先做最重要的事情？这是因为人们都有不按重要性顺序办事的习惯。多数人宁可先做令自己愉快的或是方便的事，也不愿意去做那些最重要的事情，结果时间过了一大半，事情是做了很多，但是最重要的事情却只完成了一点点。

最重要的事情是老板最关心的事情，也往往是能直接影响到大局的事情。作为领导干部，必须先集中精力完成这样的事情。有些事情看起来似乎不太重要，因为它暂时不能给公司带来什么利润，但是实际上却对公司的发展有着很大的推动作用，既然老板吩咐了，我们就要集中精力先去完成它。

不可否认，任何人的精力都是有限的，作为一个领导干部，每个月的月初，应该会从老板那里接到很多任务。当接到如此多的任务时，我们一定要想想，哪些任务是最重要的，哪些是不太重要的。有时候，老板会明确地把重要与不太重要的事给区分出来，但有时候，老板因为太忙，可能顾不上交代得这么细致，这时候就需要我们自己做到心里有数。

在现代企业中，几乎每个领导干部都是“日理万机”的大忙人，工作一项接着一项，日程安排得满满的，“时间不够用”成了很多人的口头禅。

然而，这却是最能证明一个领导干部是否合格的时候，证明的方式就是看他是否能够集中精力先做最重要的事情。

有一次，效率专家艾维·利见到了伯利恒钢铁公司总裁查理斯·舒瓦普。那个时候，伯利恒钢铁公司还是一个很小的公司。

艾维·利对舒瓦普说：“先生，我想我有能力帮你把公司管理得更好。”

舒瓦普说：“我知道我在管理上有点问题，不过我不需要懂那么多的知识，只是想要更多的行动。如果你能告诉我如何更好地执行计划，我听你的，在合理范围之内价钱由你定。”

艾维·利拿出了一张空白纸，递给了舒瓦普，说：“在这张纸上写下你明天要做的6件最重要的事，一定要把这些事情的重要程度用数字排列好。我想完成这件事，最多只要花费你5分钟，如果从明天早上起你就开始按照纸条上的计划来执行，相信你公司的业绩至少能提高50%。”

艾维·利说：“每天你都要这样做。当你对这种方法深信不疑之后，叫你公司的人也这样做。这项试验你能做多久就做多久，然后你给我寄支票来，你认为值多少就给我多少吧！”

一个月后，舒瓦普给艾维·利寄去一张2.5万美元的支票，还有一封信。

信上说："艾维·利先生，谢谢您给我上了一生中最有价值的一课。"

五年后，这个当年不为人知的小钢铁厂一跃而成为世界上最大的独立钢铁厂，艾维·利提出的方法功不可没。

集中精力做最重要的事情，是一切从大局出发的一种体现。讲大局，其实指的就是首先做好关系到企业命运的事情，也就是最重要的事情。

遗憾的是，很多领导干部认为只要拼命地为公司工作，想法子为公司赚钱就行了。其实光有这样的想法和行动还不够，因为很多时候，我们不能分清楚哪些事情对公司是重要的，哪些是次重要的，这样一来，就很难真正地为公司赚到钱。

真正为公司着想、为老板着想的人，知道哪些事情对公司最重要，必须立刻解决，哪些事情哪怕往后拖一拖也没关系。这就要求领导干部必须明白整体和局部的关系。重要的事情，一般对整体非常重要，甚至还可能起到"牵一发而动全身"的作用，所以我们必须要集中精力去完成；次重要的事情，可能对整体不太重要，但是肯定对局部有作用，不然老板也不会给自己布置这些活，当我们完成最重要的事情时，才能做这些事情。切不可把顺序弄颠倒。要知道局部很难影响到整体，更重要的是，如果整体都没有了，局部也将不复存在。

张雨凡是某电子有限公司刚聘请来的销售经理，个人能力很强，曾经在其他同类公司创造过非常好的销售业绩。他来到这家公司后，一直就没闲过，成天忙里忙外的，工作非常卖力，结果整个部门的人闲得要死。

一天，老板给了他一项重要的任务："这个客户非常重要，人家只给我们一个小时的谈判时间，明天下午两点你去跟他谈。你务必尽力争取，因为对方每年给予我们公司的订单超过千万。你可不要把这个大客户给弄丢哦，我建议你马上把准备工作做好。”

张雨凡拍着胸脯保证道：“是！老板，你放心，我绝对完成任务。”

老板再次慎重地说：“这个客户非常重要，如果不是我明天有事的话，我就自己去谈了。”

张雨凡听后就立马开始行动起来，他花了大量时间查寻客户的资料，一些完全可以让下属做的事情，他也独自包揽，以至于下属们看见自己的头儿忙里忙外，而自己却闲着，心中不安又愤愤平平。下属们都认为主管完全不相信自己，还有的人认为主管只想着自己邀功。

第二天早上，张雨凡接到了一个电话：“您好。我有一笔订单很想与贵公司合作，明天下午两点不知您是否有兴趣来谈谈，价钱不成问题。”

张雨凡一听，这个单子很可能比老板的那个客户还要大，更重要的是，这个客户非常有诚意，成功性很大。他想，如果自己能拿下这个单子，老板应该很开心吧。再者说，老板那个客户中午才会过来，自己现在马上就去跟现在这个客户谈，肯定是来得及的。

于是，张雨凡高高兴兴地去见电话中的客户，他想尽快地把这个订单拿下，但是对方却坚持要细细地谈一会儿，最终对方因为不满意而推掉订单。

这个订单没有拿下，张雨凡马上就赶去见老板的那个客户。

仔细地算了算，他完全能够准时赶到约定的见面地点，但是他却忽略了一个问题，那就是堵车。这次他又遇到堵车了，等他满头大汗地赶到约定的见面地点时，人家已经离开半个小时了。顿时，张雨凡的大脑一片空白，不知该如何向老板交代才好。

张雨凡犯了一个很大的错误：当老板告诉他这个客户很重要的时候，他就应该坚决地去执行，即使在执行中出现了变动或有自己的意见，在没有得到老板的同意之前，也不能擅自行动。

作为领导干部，一定要有把握全局的能力，只有这样才能总揽全局、顾全大局、统筹兼顾、增加合力。把握全局其实就是要时刻胸怀全局，坚持以大局为重，哪怕有什么变化，在没有得到上面的指示之前，就要不折不扣地执行。张雨凡还犯了一个错误，就是他做了很多下属能做的事情。作为领导，他应该把下属能做的事情尽量分派下去，自己集中精力去做下属不能做的。所以说，领导必须要分清主与次，分清事情对公司的重要性，不能等到下班的时候，才发现真正要做的事情没有完成，无关紧要的事情却做了很多。

那么如何分清事情对公司的重要性呢？在此我们提供两个方法。

第一，这件事情对公司的大局是否起着重要作用。有些事情看起来暂时不会给公司带来什么利润，但是对公司的大局却能起到重要的作用，那么它就是最重要的事情。对于那些无足轻重的事情，我们没有必要浪费精力在上面，否则不只帮不到公司，甚至还可能受到老板的批评。

第二，这件事情会给公司带来多大的利益。一般来说，能给公司带来巨大利益的事情就是非常重要的事情，我们必须马上去做。如果遇到了这样的情况：有两件事，一件事是对公司的大局起着重要的作用；一件事能直接给公司带来巨大的利益。如果在自己的安排下，能同时完成的话，那么就尽量完成，如果不能的话，尽量向上级请示。如果上级不在，而又必须执行，那么就必须先做对大局起着重要作用的事情。

◎作决策要分清轻重缓急◎

领导干部必须要有把握全局的能力，做正确的并能为企业创造最大利润的事情。要做到这一点，就需要我们在作决策的时候，分清事情的轻重缓急。

辨别事情的轻重缓急，急所当急，是个人管理之匙，也是考核一个领导干部是否合格的方法之一。人生最宝贵的有两项资产：一项是头脑，一项是时间。一个成功的人一般都很善于运用这两项资产。其实，衡量一个领导干部水平的高低，主要就是看他能否分清事情的轻重缓急，并以此及时妥当地为下属安排工作。

张俊是某公司的网络主管。有一天，老板在电话里对他说："接到上面的通知，公司网站有一些东西不符合有关规定，要限期整改。你务必在两天之内把这项工作完成。"

接到任务后，张俊就把这件事情交给小赵去做了。第二天，老板打电话过来询问。

张俊就把小赵喊了过来，问他："我昨天交代你的事做得怎么样了。"

"公司正在进行局域网改造，我没有精力更改网页，所此，我正在联系外面的单位给我们制作。由于工程太小，不容易找到单位。"小赵说。

听到这样的结果，张俊很生气，说道："我昨天不是叫你马上去做吗?"

小赵低着头不敢说话。

张俊只好对老板说："昨天大家都在忙着改造局域网，所以您昨天交代的事情还没完成。"

"网页不改动，人家就会把我们网站给封了，你们改造局域网给谁用啊！今天，你们务必把网页改好。"老板愤怒地把话说完就挂了电话。

张俊知道，在一天之内要把整个网站的东西改好有点麻烦，于是就叫小赵打电话给托管公司，让他们把网站先关了。结果到了下班的时间，网站依旧"照常"。张俊追问为什么不办理？

"托管公司的电话打不通，我也没办法……"小赵说。

"立即放下手中所有的工作，给对方打电话，如果联系不上的话，就马上去他们公司，不管找谁，今天务必把网站给关了。否则，明天早上老板回来，我们都得滚蛋。"张俊拍着桌子大声地说道。

事后，张俊觉得自己很委屈，自己明明安排下去了，可是下面的人就是不能按时完成。小赵也觉得很委屈，他心想，如果一开始上司就把事情的重要性跟自己交代清楚，那么自己一定能准时完成任务。

其实，这是我们工作中最常见的问题，领导责怪下面的人没有大局意识，下面的人责怪领导没有把事情交代清楚。作为领导，对于一件很重要而且又非常紧急的事情，一定要对下属交代清楚，让下属知道事情的重要性，尤其是给那些执行力和领悟力比较差的员工。

可以说，轻重缓急的决策不仅体现了一个领导干部的远见和认真的程度，而且决定了整个团队的基本行为和发展战略。轻者当缓，重者当急，至于关键性决策，由于和团队生死攸关，则是一秒钟也不能耽误和忽视。

那么怎样来分辨何事轻？何事重？何事该缓？何事又该急呢？

在此，我们和读者朋友一起分享下面几点方法，希望有助于您在诸多事务同时出现的时候，作出最英明的决策。

1. 重要又紧急的事

和所有其他事情比起来，这些事情都更为重要，更需要马上解决。也就是说，事关企业生存的事情，必须第一时间着手处理。

2. 重要但不紧急的事

工作中大多数真正重要的事情，都不是很急的，可以现在去做，也可以稍后再做。然而实际上，我们却往往会把这些事情无休止地拖延下去。对于此类工作的注意程度，可以分辨出一个领导干部的决策有无失误，工作有无效率。正确的方式应该是把这类工作作为次优先的事情。

3. 紧急但不重要的事

表面上看来，这类事务是需要立即采取行动的，但是冷静下来客观分析一下，又觉得应该把它们列入“第三名”的次序中去。

4. 既不紧急也不重要的事

很多领导干部误以为，既不紧急也不重要的事往往占用的时间和精力较少，干脆早点完成，好做那些重要的事情。实际上，这是本末倒置。是不是浪费时间，每个人都有不同的看法。但因为做这些事情而影响了工作效率肯定是得不偿失的。不可否认，此类事情会给人一种有事可做和有成就的感觉，使我们有借口把重要的工作向后拖延。这种做法常常是一些能力不强而又身处高位之人的一大弱点。

事实上，领导干部在安排工作时作出怎样的决策，既是对其领导艺术的考验，也是对其领导才能的考验。在此过程中，万不可眉毛胡子一把抓，更不能固执行事，正确的做法应该是灵活应对，以控制好决策的过程，该先就先，该后就后，并让下属清楚其中的意思。

◎别在小事情上花费太多的精力◎

不要认为所有的事都需要立刻处理，我们要做的是解决当下对大局最重要的事情。

很多领导干部整天从早忙到晚，弄得部门的人加班加点，怨声载道，但是上面交代的任务仍然做不完。有人可能会这样认为，那一定是上面给的任务太多了。其实，很多时候并不是这样，因为上司给某部门任务的时候，多半都会考虑到他们的承受能力。这些领导干部之所以忙来忙去，加班加点仍然完不成任务，其主要原因往往是缺乏大局意识，以至于在小事情上花费了太多的精力。

赵星河是某企业的部门经理，月初的时候，上司交给了他一些任务，让他必须在半个月之内把这些任务完成。接到任务后，赵星河马上就把这些任务分给了下属去做。因为这些任务都不是很难，所以他也没有特别关注下属们的工作进度。

很快一个礼拜过去了，赵星河自己手头上的活也干得差不多了，就想看看下属们做得怎么样了，结果出乎他的意料，他要求完成的工作，下属们是完成了大部分，但是有几个比较重要的工作下属们却还没有完成。这该怎么办？只好让所有人一起加班。

按赵星河平时的作风，看到下属们只做那些小事，一定会把下属们狠狠地批评一顿，不过由于时间太紧了，他也没批评下属，而是跟他们一起赶活。

最后，忙了一个礼拜，终于把工作完成了，但是结果却差强人意。为此，他被上级狠狠地批了一顿：“你做的这些是什么东西？我给你任务的时候，说得好好的，这几份文件很重要，你看你做的是什么玩意儿！”

好在这位上司跟赵星河不仅是领导关系，在生活上还是很好的朋友。随后，他苦口婆心地对赵星河说：“你也是一名老领导干部了，怎么没有一点大局意识呢？”

很多时候，我们之所以没有得到上司的重视，主要原因就是因为我们把精力都放在了那些没有什么价值的工作上了。要知道，上司的事情很多，尤其是企业的领导者，他们每天需要处理的事情非常多，根本没有时间对下属细说这项任务对公司有多么重要。作为领导干部，我们要知道，局部永远成就不了全局，我们需要自己分清楚哪些事对公司来说是小事，哪些是大事；哪些需要马上处理，哪些迟一些处理也没什么问题，切不可在小事上花费太多精力，以至于影响了全局。

说到底，管理就是一种排序。什么是排序？就是让人们知道什么重要，什么不重要。重要的是目标，不重要的是目标干扰。作为领导干部，尤其是企业的领导者，我们还是不要相信那种能同时实现五个目标的奇迹为好，因为奇迹的出现概率太低了。

同时，领导干部要想下属做好工作，还要让他们的人知道什么是最重要的事情，什么是第二重要的事情。彼得·费迪南德·杜拉克被人们称为“现代管理学之父”，他曾经出过这样的选择题：

管理者该如何处理最重要的事情和第二重要的事？

A.管理者答案：首先做最重要的事情，然后做第二重要的事情。

B.管理者答案：只做最重要的事情，不做第二重要的事情。

他给出的正确答案是B。

当然，我们并不是说，为了大局，就可以把所有的小事完全忽视掉。

对此，可以用我们的身体打一个比方。我们知道，局部的病变可以引起全身性的病理反应，全身的病理变化也会反应于局部。其实，企业也是如此，如果我们重视整体，只做关系大局的事情，却忽视了局部那些事，最后反而可能会失去了整体，而整体的变化又反过来会影响到局部。

因此，作为领导干部，一定要合理地处理整体与局部的关系，让两者之间任何一方出现变化，对另一方的不利影响都能够降到最低。

第三章 ／ 大与小的拿捏

领导干部作为企业的带头人，应当迅速而合理地解决问题。而要做到这一点，就必须先找到问题的关键所在。只有把握好轻重，拿捏好大小，才能让劲儿用在关键处，进而顺利地解决问题。

◎找到问题的关键所在，就等于解决了一半◎

谁都会遇到难题，人如此，企业也是如此。遇到难题，不管你想怎样解决它，成功的前提是看清难题的关键在哪里。找到了问题的关键，也就找到了解决问题的方法。

在工作中，企业领导们所面临的事情往往有很多，其中有大的，也有小的；有重要的，也有不那么重要的。那么，要想拿捏好其中的分寸，就需要我们在处理事情的时候，一定要找到问题的关键所在。因为找到了关键，就相当于“牵了牛鼻子”，事情解决起来也就容易很多了。

一艘正在大河中央行驶的小船漏水了，只见船夫累得满头大汗，双臂不停地摇着橹，船身却纹丝不动。船夫看起来既沮丧又困惑。

搭船人发现船身已经漏水，情况很严重。他急忙提醒船夫，可喊了半天，船夫却不理他，原来他正忙着向外舀水呢。心急如焚的搭船人说：“船漏了，再不修船，我们都得淹死。”

这次，船夫终于说话了：“我知道，你没看见我正忙着舀水和划船吗？哪有工夫修船啊！”

你觉得船夫的行为可笑吗？可是像船夫这样的人在企业的领导层中也有不少，他们遇到问题的时候，总是被周围的细枝末节和一些毫无意义的琐事分散精力，从而扰乱正常的工作秩序，导致工作在中途停顿下来，或推延工作的原定计划。

之所以会有这样的结果，是因为他们看问题不懂得从大局出发，找不到解决问题的关键所在，总是在做一些无用功。作为领导干部，我们千万不要认为，自己没有功劳也有苦劳啊！要知道，对于一个公司的老板来说，他要的是解决问题，是创造出效益，而不是我们浪费了大量的资源却对解决问题没有任何帮助。

面对困难时，领导干部应该带领下属找到造成困难的主要原因，也就是找出“造成船下沉的漏洞”，即使在这上面要花费更多的时间、更大的精力，也是值得的。因为只有找出了造成困难的主要根源，才算真正了解了困难，才可能想出解决困难的方法。

杰姆是一家纺织公司的销售主管。

年初的一天，老板把他叫到了办公室，对他说：“杰姆，请坐，现在有一项重任需要你去完成，不知道你是否愿意？”

“您是打算让我去担任Z地区销售经理吗？如果是的话，我想，我很愿意接受。”杰姆说道。

“杰姆，我就知道我没有选错人，你到了Z区后，主要工作就是开拓地区市场，你的工作重点就是实现对市场的占有率，为今后的销售打开局面。”老板很是认真地说道。

杰姆上任后，对Z地区进行了详细的调查，他发现本公司的产品难以打开市场。因为Z地区的大型超市、专卖店销售商在此之前都有其他同行进驻。为了尽快提升销售率，杰姆开始自己想办法。

经过长时间的艰苦工作之后，他终于让产品成功进驻一家大型超市，销售业绩有了明显上升。这时，老板打来电话，要求他汇报近期的工作进度。

杰姆简单进行了汇报，老板沉默了片刻说："杰姆，说真的，你让我有些失望，你知道你的工作目标是什么吗?"

杰姆疑惑地说："公司利润是最重要的。作为销售经理，我的目标是把销售业绩做上来。至于让产品占据一定市场的问题，工作很难开展。我只好先……"

老板打断他的话："杰姆，你把我说的话全都忘记了吗？我当时说得很清楚，我们的目标是要获得市场份额。市场份额，你懂吗？只有占据更多的市场份额，我们的商品才有可能大批大批地卖出去，也就是说，利润高低不是我们目前最关心的。"

杰姆一时无话可说。他此时才恍然大悟，自己根本没有抓住问题的关键所在。

我们能说杰姆工作不努力、不勤奋、不尽责吗？不，他努力、勤奋、尽责，但他没有太强的大局意识，没有意识到自己的主要任务是提高市场的占有率，而不是马上把销售业绩搞上来。当然，相信他在工作中一定也取得了一些进步，能力也有所提升，但是这些进步，这些能力，却对他之后的工作没有多大的帮助，这又有什么意义呢？

作为一个领导干部，没有大局意识就不能算得上一个合格的领导干部。虽说公司是以工作效率和质量为第一标准的，但是有时候，公司必须放弃暂时的利益来成全大局。这就要求领导干部必须要认清问题的关键所在，抓住问题的主要矛盾。杰姆的问题的关键老板都说得再明白不过了，就是实现对市场的占有率，为今后的销售打开局面，而他却做了一名销售员都能解决的事情。

要知道，自己是领导，不是前线的销售员，自己每做错一个决策，就有可能浪费公司很多的资源。所以，我们必须要有很强的大局观，认清问题的关键所在。

◎把劲头用在紧要处◎

一个有大局意识的领导，在解决问题的时候要把劲用在关键处，主动为公司节约一切可以节约的资源。

在工作中，我们常常会遇到这样的情况：晋升呼声最高的人，靠边站了；最有资格去深造的人，迟迟拿不到入场券；同事在一级一级地加薪，却没我的份……

有人会因此失落、无助、不满，甚至愤怒，感觉自己像被上帝抛弃的小孩，束手无策，整日浑浑噩噩地度过。此时，我们不妨回过头来想想，为什么晋升呼声最高的人却靠边站了，是不是因为遇到问题后，没有从大局出发，没有认清问题的关键所在，没有把劲用在关键处，总是浪费公司的资源，在做有些无用功?

千万不要认为你在公司资格最老，曾经为公司付出很多，就可以得到晋升，得到老板的重用；也不要说，我虽然没有完成任务，但也有苦劳啊！要知道，企业不是慈善机构，没有贡献，那么你就只能靠边站。晋升是需要很多条件的，其中最重要的条件就是问题出现后，找到问题的关键所在，然后积极地寻找办法解决。

英国曾经发生过一起离奇的上诉案，一个女人因为男友迷恋足球，而把著名的足球生产公司告上了法庭。这件事在当时引起了巨大的轰动。

事情是这样的，英国有很多著名球队，很多著名球星，也有众多疯狂的球迷，这个女人的男友就是一个整天守着电视看直播的球迷，还骂女友出气。女友忍无可忍，决定状告足球生产公司，要求对方支付10万英镑作为赔偿费。

很多人都把这件事当成一个笑话，因为这一指控毫无道理。但在结果宣判之前，种种迹象表明这位妇女的要求得到了大多数陪审团的支持。

想到马上就要支付巨款，这家足球公司的老板很忧虑。

公司里的一位领导对老板说："你之所以这样忧虑，是因为这位妇女的控告让公司损失了大笔的钱，要是我们能通过这次控告重新赚回损失的钱，问题不就迎刃而解了吗？"

老板觉得这位下属似乎还有些话没说，就对他说："你是不是有什么想法？"

"我们与其在法庭上与陪审团进行无谓的陈述，还不如利用这一离谱的案例，为公司大造声势，让全世界的人都知道我们公司生产的足球的魅力之大。"

老板听到这里，两眼马上放出了光芒。于是，他们与各媒体进行了沟通，让媒体对这场官司进行大肆渲染。为了起到宣传的效果，他们煞有介事地请律师辩护，又在法庭上输了官司，然后，郑重地向那个女人赔礼道歉，还主动付给她精神损失费。果然，这场官司经传媒的不断轰炸后，这家足球公司名声大振，产品销量一下子就翻了四倍。

解决问题的时候，一定要找到关键所在，把劲用在关键处。任何一个大量地浪费公司资源，却没有为公司创造出多少效益的人，都是很难得到领导谅解的。当公司需要裁员的时候，肯定第一批就是他们这样的人，甚至也许连他们自己都无法原谅自己，无法得到晋升或加薪也就在情理中了。

十几年前，A企业只不过是一家只有四五十个人的小企业。但是在短短的十几年里，却成为该行业里老大，年盈利上百亿。A企业为什么能迅速地走向国际，很重要的一个原因，那就是该企业的领导干部总能找到问题的关键所在，把劲用在关键处。

A企业的领导人发现，要把本企业的产品打造成一个世界性的名牌，首先就要让本企业的产品受到欧美人的欢迎。企业的领导人先后派了几位领导干部去欧洲开拓市场，但是都无功而返。不过他们都发现了一个关键问题，就是欧洲人对商品非常挑剔，中国产品要进入欧洲市场非常难。

当时，欧洲人认为中国是一个贫穷的国家，中国企业生产出的产品质量上肯定没有发达国家的好。同时，A企业的领导人也发现，欧洲人的消费习惯和欧洲产品的准入机制也是A企业所陌生的，为了消除障碍，A企业决定聘请当地人。

于是，A企业用年薪50万美金聘请了美国人迈克作为本企业美国贸易部总裁。迈克认为，要想让美国人迅速知道A企业，就要想办法让美国最大的连锁超市沃尔玛接受A企业的产品。但是要让沃尔玛接受A企业的产品非常困难，迈克用了整整两年的时间，也没有成功。

后来，迈克想出了一个主意，他让人在沃尔玛总部的对面竖起一块很大的A企业的广告牌，盼望着沃尔玛高层在工作间隙眺望窗外的时候能发现A企业的广告。

真的是功夫不负有心人，沃尔玛的某高层领导因为A企业的这一个广告牌而对A企业产生了兴趣，决定试卖一批A企业的产品，结果产品很受欢迎。A企业就这样在美国站住了脚跟。

迈克之所以迟迟没有为A企业打开市场，是因为他没有找到问题的关键所在。把劲用在关键处，我们才能更好更快地解决问题。一个真正具有大局意识的领导干部，他一定会想尽一切办法为公司节省资源，不让资源随便地浪费，把劲用在关键处。

◎大局当前，不能忽视细节◎

如果这件事事关大局，那么即使是再小的细节，也容不得忽视。

在第二章里我们提到了，不要为小事忙碌，要集中力量做最重要的事情；在第三章里我们又提到了要找到问题的关键所在，把劲用在关键处。那么是不是工作中的小事情、小细节能往后面拖就往后拖，能忽视就忽视了呢？答案无疑是否定的，对于任何能影响大局的事情以及细节我们都不能忽视。

李新和陈军是被某家工厂同时招聘进来的市场开发部职员。他们两个是人力资源部主管从众多应聘者中挑选出来的佼佼者。其中，李新的学历和工作经验都比陈军更胜一筹。

刚开始的时候，市场开发部经理对李新比较看好，认为李新一定会比陈军表现得更优秀，并且还认为李新将会成为公司里的精英。也就是从那个时候开始，市场开发部经理就注意上了李新，并且已经打算要重用和提拔李新。而事实上呢？李新让他非常失望，反而陈军表现得更优秀。

原来，这家工厂的规模非常大，它有着一个不成文的规定，那就是无论新进的职员怎样优秀和突出，都必须从最基础的岗位做起。其实，公司这么做有两个目的，一是让新进的职员能够全面地了解公司的情况，从而为以后顺利地开展工作打下坚实的基础；二是磨砺新进员工浮躁的心。

可是，李新并不了解这些。一向自负的他认为只要进了这家大型公司就能得到重用，没想到却被安排去做一些像是勤杂工一样琐碎的事。李新失望极了，他觉得所做的这些工作根本就是浪费他的才能，于是他不仅抱怨连天，还将这些工作束之高阁。

陈军也面临着同样的问题，但他选择了任劳任怨、选择了执行。在面对这些琐碎事情时，他总是踏踏实实地一步一步地去完成、去实施。试用期结束后，李新被辞退了，陈军则被安排到重要的部门，委以重任。

在工作中，如果这件事影响你的职业规划，那么即使是再小的细节也容不得忽视。陈军之所以胜出，正是因为他比李军更能塌下心，埋头于琐碎的小事情中去。不用问，只有像陈军这样的人，才更容易成为企业的顶梁柱，才更能为企业的发展做出自己的贡献。

我们知道，当今是一个细节决定成败的时代。不管是普通员工，还是领导干部，如果对影响大局的细节没引起足够重视的话，那么其自身与企业的生存和发展都将受到不利影响。

刘华是某超市的经理，有一天，老板打电话嘱咐道："小刘啊！中午的时候会有记者来我们超市，并且还可能专门采访你，你一定要好好地接待，别乱说话。这次采访很可能关系到今年省里的先进企业的评比。"

刘华说："老板放心吧，我一定把你交代的事情办好。"

老板继续说道："今天务必让所有的员工都认真点，要拿出百分百的热情。"

"我知道了。"刘华虽然答应得很好，但其实他并没有把此事放在心上，也没有对员工们叮嘱一下，他觉得超市员工的整体素质都比较高，平时工作的时候也很少犯错。

很快就到了中午，他认为记者可能马上就要到了，也没有出去吃饭，可是等了几个小时，还是没有等到。他想记者今天可能不会来了，于是就去超市下面的美食城吃东西去了。美食城的人非常多，这里显得非常吵闹，他叫了一碗肉丝面，坐在一张桌子前等着。

就在这个时候，超市里发生了这么一件事情：有个刚买过东西的顾客回到了超市，对收银员说："刚才你们找给我的这张50块钱的人民币是假钱。"

收银员当然不肯认账，谁知道这个顾客是不是故意拿一张假钱过来找事。就这样，两个人吵了起来。顾客大声嚷着要找超市经理，收银员也知道这样影响不好，就叫同事去办公室找经理，可是经理不在办公室，然后打电话；电话是打通了，但是由于美食城太喧闹了，刘华根本不知道对方要说什么。员工就给他发短信，刘华看了短信后，马上就赶回了超市，这个时候，收银台那里已经围着里三层外三层差不多四五十个人在看热闹。

刘华出现后，很快就把这件事情给解决了，但是刚才超市里发生的那一幕幕却被有心的记者们看见了，还给摄了下来。这天，刘华没等到记者，他认为人家不会来了。

老板听说记者没来，也没怎么放在心上，可是到了年底评比省里先进企业的时候，他们却榜上无名，网上还有人疯传那段视频，很多人在该视频下面留言说，他们超市的服务非常差。不管超市的服务质量是真差还是假差，反正看过或者听过这件事情的人，都不怎么爱去他们超市买东西了。后来，超市的业绩不断下降，老板一气之下把刘华给辞退了。

其实，超市里发生的那个"假币"事件，是一件再小不过的事情，如果当时刘华在超市，肯定会及时地处理。话说回来，刘华之所以会有这样的职场悲剧，还是他缺乏大局意识，对记者来采访这件事情不够重视。殊不知，大局在当，任何细节都容不得忽视，谁忽视了，谁就可能出局。

第四章 ／ 得与失的取舍

甘瓜苦蒂，物无全美。很多时候，一件事情对我们来说，有所失才会有所得。领导干部在得失面前，要识得大体，明晓是非，甘愿为大局而放弃眼前的利益，为集体而放弃个人的利益。

◎别把眼前的得失看得太重◎

不扔掉鸡肋，哪能吃到鸡翅。领导如果只注重眼前利益，说不定在不久的将来连鸡肋也没得吃。

有句话说得很好："有所得才会有所失，有所弃才能有所取。"无论在工作还是生活中，我们都不要太在乎眼前的得失，因为太重视得失，最后往往会失去更多。作为领导干部，在得失方面，一定要看淡一些，识大体，一切从大局出发。只有做到不注重眼前的得失，我们最后才能得到真正的属于自己的东西。

有一个青年去一个富翁家里请教成功之道。

富翁从冰箱里拿出了半个西瓜。他用刀把这半个西瓜切成了大小不等的三块。

富翁对青年说："如果每块西瓜都代表不同的利益的话，你选择哪一块。"

“当然是最大的那一块啦!”青年毫不犹豫地回答。

富翁笑着说：“好吧，那你拿吧!”

青年就拿下了最大的那一块吃了起来。富翁拿起了最小那一块。

很快富翁就吃完了，他又拿起了书桌上的另一块西瓜，还在青年的眼前晃了晃，然后大口地吃了起来。

青年马上就明白了：“虽然自己选择了最大的那一块西瓜，但是到了最后吃得最多的还是富翁。如果这代表利益的话，自然是富翁得到的利益多了。”

我们常常觉得眼前这个是最大和最好的，但当我们花时间和精力把事情做完后，才发现还有更好的。如果我们用同样的时间和精力去做更多的事情，虽然一下子可能没有那么多的利益，但是最后整体上却能得到更多的利益。

有个老板最近很烦恼，因为他手下有两个员工都很优秀，他不知道该提拔谁。

老板的朋友就对他说：“谁不太注重个人得失，你就提拔谁。”

于是，老板就把其中一个员工叫到办公室，对他说：“小杨啊，你跟小赵都很优秀，我想从你们中间选择一个担任部门经理，你觉得谁最合适啊!”

小杨说：“老板，你让小赵当吧！他能力比我强，工作比我辛苦，他一定能胜任的。”

老板又叫小赵进来，问了他跟小杨一样的问题。小赵说：“啊！老板，我比小杨能力强，他做事老是偷懒，他一定胜任不了经理这个职位的，你就让我当吧。”

就这样，老板提拔了小杨。

人生何处不选择，当我们选择眼前的利益时，就会失去长远的利益。一个企业要想有发展，领导干部们必须要有战略眼光，舍弃眼前的蝇头小利，才能得到长远的大利。

2008年爆发了全球性的金融危机，东南沿海很多服装加工厂都笼罩在一片阴霾中，外贸订单聚减和原材料价格上涨导致很多厂家的利润大幅度下降。

在这样的情况下，有些厂家果断选择了关门大吉。但是有些厂家却不断地去接一些并不怎么赚钱的订单，甚至是亏本的买卖。为什么他们会这样做？原因只有一个，他们关注的是长远的利益。

假设你现在是一家服装厂的老板，你们工厂主要以生产T恤为主，每件T恤的成本是15元。每件批发出去的价格是20元的话，那么每件就可以赚5元。如果每件T恤厂家都按照15块钱批发出去的话，那么不赔也不赚，收支相抵。

此时，利润虽然为零，但服装加工厂仍可以继续生产经营。然而，一旦过了销售旺季，人们对T恤的需求就下降了，你只能以每件12元才能批发出去。也就是说，每售出一件T恤，就要赔本3元。这个时候是吃亏的，试问还要继续吗？

如果你不想转行的话，那么仍然要继续。要知道，即使你不生产，你每个月仍然需要为你的工厂支出厂房租金，以及机器折旧费等费用。这些费用累积起来可是一笔很大的资金，绝对不是你每售出一件衣服赔本几块钱能够相比的。更重要的是，市场是不断变化的，只要你能挺过去，那么将来就有很多机会转亏为盈。但是，如果你继续坚持的话，看起来是为自己省了不少钱，其实赔得反而更多，说不定过几个月就得真正关门大吉了。

为了更多的利益，就得果断地舍弃眼前利益，经营一家企业就是如此。因此，领导干部一定要从大局出发，如果只想着眼前利益，那么很可能到了最后连本来已经得到的利益也将失去。

总而言之，企业领导在制定一个经营决策的时候，一定要综合考虑各方面的因素，而不要被一时的利益蒙蔽了双眼。

◎弃个人小利成全大局◎

很多时候，个人得到了利益，但企业的利益却受损了。只有维护了大局，守住了企业的利益，我们才能得到更多自己想要的东西。

个人利益与企业利益之间难免会存在着你多我少或者你少我多的选择，从某一个时间上看，个人利益和企业利益是相冲突的。但从长远来看，个人利益和企业利益是绝对统一的。如果一个员工能把目光放得长远一点，甘愿为了企业的利益放弃个人利益，让企业发展得更快，那明天他获取的就不会是这一点了，而是许多倍。

所以，身为领导干部，我们要努力做到这一点：当遇到只有牺牲个人利益才能保全企业利益的时候，就要果断地放弃个人的利益去成全大局。这样做看似是为了企业，但从长远来看，也是为了个人。

小张所在的公司最近要举行品牌服装推广活动。为了证明自己的能力，也为了在业内崭露头角，他和两个同事牺牲了好几个周末的时间来搞策划。

最后，通过一次次筛选，他们快要把一个项目拿到手的时候，老板把小张叫到了办公室，一脸慎重地对他说："小张，你把你手上的这个活让给小李吧，他跟客户是老朋友了，把项目揽到手的把握比你更大。”

老板也请求他能理解，为公司作点牺牲。

小张被“让还是不让”弄得左右为难。他回到家后，就把这事给老婆说了。

他老婆对他说：“公司是你奋斗的平台……所以，凡事以公司的需求为重。”

听了老婆的话后，小张似乎有所顿悟。

过了半个月，小张高兴地打电话给老婆，告诉她，他升职了。原来他听从了老婆的建议，把活让给了小李。经过公司上下的努力，这个项目终于拿到了手。

公司开庆祝宴的时候，老板也没有忘记小张的功劳，而且对他的大局意识表示欣赏，夸他甘为公司的利益作出牺牲，是一位很有前途的员工，并当众宣布提升他为策划总监。

在公司里，我们每个人都可能遇到像小张这样的情况，这个时候，最该采取的办法就是从公司的利益出发，站在公司发展的角度上看问题、想办法、作决策。

值得注意的是，目前很多企业的领导干部中有一种很不好的倾向：片面强调本部门的利益，把局部看得比全局还重，进而直接影响到了企业的整体利益。这个世界上似乎没有鱼与熊掌可兼得的事情，要得到这个，就需要放弃那个。公司的利益就好比一个西瓜，自己的利益就好比一粒芝麻，你要想尝到那可口的西瓜，那么就需要顾全大局，果断放弃那一粒芝麻。

有人也许会问：如何做到顾全大局，成为公司里不可缺少的人才呢？关于此，需要做到以下两方面。

第一，要有吃亏的胸怀。

吃亏，顾名思义，就是利益的损失。在生活和工作中，得到和失去相伴而行。有时候失去一些东西，如个人的暂时利益，却能得到朋友的信任和尊重，这就是最大的得，也是最大的富有。然而，实际生活中，有些人常常认为："人不为己天诛地灭。"的确，这些人在一定的时间里会取得一些利益，但是注定不会长久，因为他们过于自私，做事只为自己，不为他人着想，时间长了自然成了众矢之的。

第二，要有主人翁意识。

无论你所在的公司的规模是大是小，实力是强是弱，都应该摆正心态：我是公司的一员，我所做的一切都要维护公司的利益。只有这样，你才能和公司站在同一个角度去观察分析问题、迎接竞争对手的挑战，进而证明自己的能力。

有一个年轻人刚进那家公司的时候，那家公司规模很小，甚至面临倒闭。公司的职员陆陆续续地离开，但是他却始终坚持着。

有一天，老板来到公司，看到只有他一个人。

老板问他："他们都走了，你怎么不走。"

年轻人看了看老板，一脸诧异："走？您还在，我还在，公司还在，我为什么要走。"

接着，年轻人意味深长地对着老板说："我相信您一定能闯过难关的。"

这位老板大为感动，深受鼓舞，于是从朋友那里借了一笔钱，找了一位先进的产品设计师，开发研制新的产品。老板和这位年轻人一起开发客户，很快公司就走出了危机，慢慢地发展壮大起来。

老板很感谢这位年轻人，便把他提升为公司总经理。公司上市后，他把公司一半的股份给了他。

这个故事告诉我们，当公司有难的时候，自己要与公司同舟共济。也许，选择远走我们会混得更好，但那样一来，肯定不会有一番作为，因为我们没有主人翁意识，没有大局意识。

事实上，只有把自己当成公司的主人，对公司的存在和发展有认同感，才会从大局出发，不局限于自己的“一亩三分地”，看问题更加全面，做事情更加周到，并最终为公司的需求发挥出自己最大的价值。

◎没有大局意识，就有可能出局◎

损害了公司的利益，影响了大局，也就等于直接损害了我们自己的利益。只有企业发展了，个人的目标才可能实现。

把公司的利益放在第一位，不做危害公司的事，是拥有大局意识的一种体现。也许有人会说：“我为公司工作，公司给我工资，除此之外，我没有得到其他的东西，因此，我实在没有必要跟公司共荣辱。更何况，这家企业倒闭了，我还能换一家企业。”

事实上，这是偏颇的世界观和价值观，是缺乏责任感和使命感的一种表现。要清楚，企业就是你的船，从你加入企业的那一天起，你就是这只船上的船员。在船上，所有的人都肩负着进退存亡的重任。即使你是游泳高手，逃离了这次灾难，但是你这种缺乏责任心的工作态度，不管你去哪家公司，不管你有多高的职位，在需要裁员的时候，老板第一个想到的人一定是你。现今，职场上有些人为了自己的利益损害公司的利益，甚至做出违法犯罪的事情来。也许他们会为了眼前的利益沾沾自喜，但是事实上，他们会失去更多。

张强是一个很要强的人，他希望在自己30岁的时候就能事业有成。为了实现这个目标，张强甚至愿意做违反职业道德的事情。他来到现在的这家企业已经一年了，当初老板说好，等到他工作一年后，就让他做技术总监，可是他现在还是个小小的技术经理。

一天，他看到老板的“红人”赵刚，就叫赵刚帮他问问。

赵刚想，老板既然许诺过，就应该兑现，莫非其中有什么原因不成？于是，赵刚找了一个恰当的机会专门和老板谈起了这件事。

“这个人品格有问题，不能重用。”老板慎重地说道。

“为什么呢?”

“他之前所在公司是我们的竞争对手。有一天，他约我见面，说他掌握了那家公司全部的技术秘密，如果我肯高薪聘用他，他愿意将那些技术秘密奉献给我。我答应了他的条件，给了他高薪，但重用的事，一直不敢兑现。”老板说道。

“你的意思是说，如果重用他，他掌握了你的秘密之后，也可能出卖你，对吗?”

“是啊，他是一个不够忠诚，一个卖主求荣的人！原来那家公司对他很不错，他出卖了老板，使得那家公司一蹶不振。有了第一次，肯定会有第二次，重用他的话，下一个受害的可能就是我！”老板缓了缓口气继续说，“我非但不肯重用他，我还准备辞退他，但在做好准备之前，我不能让他知道，谁能保证他在这里得不到他想要的东西时，会怎样疯狂地搞破坏呢?”

大局意识是一种境界，它要求我们全面地看问题，以组织的利益为重，而不只是专注于眼前个人的利益。大局意识还是一种可贵的品质，它会给我们赢来良好的声誉。相反，一个缺乏大局意识的人，不管走到哪里都不会受欢迎，上面张强的故事就是最好的证明。

张平曾经是一家大公司里的技术部经理，他不仅技术能力很强，而且还能说会道，很受老板的重视。但是，现在他却是无业游民，没有任何公司敢招聘他。

他之所以会有这样的结局，就是因为他出卖了公司的秘密。

张平在做技术部经理的时候，有一个人打电话请他去酒吧喝酒。几杯酒下肚后，那个人对他说："老弟，我就开门见山吧。我是一位外商，正准备和你们公司谈一个合作项目，如果你能把你们部门的技术资料给我一份，那么我们公司在谈判中将占据主动。你能不能帮我这个忙？"他说完，就拿出了一个小袋子，里面装的全是钱，然后递给了张平。

张平当然知道对方是什么意思。只要他出卖公司的秘密，那么这袋子里的钱就全是他的了。最后，他还是经受不住诱惑，选择了出卖公司的秘密。

结果他们公司在跟对方谈判中陷入被动，损失很大。

事后,公司查明真相，辞退了张平。本来可以大展宏图的张平不但丢失了工作，而且连那20万元也被公司追回以抵偿损失。他懊悔不已，但为时已晚。更糟糕的是，他出卖公司这件事被很多同行都知道了，即使他能力再强，人家也不敢招聘他。

企业就是你的船，无论在任何时候，千万不要做危害企业的事，因为你做了有损企业利益的事情，也就等于在危及自己的利益。作为企业的领导干部，我们更应该告诉自己：你是企业的中坚力量，那么就更应该把自己的利益和企业的利益统一起来，与企业同舟共济、荣辱与共，并且以企业利益为重，即使你在这家企业没有得到你想象中的回报，但是你正直的品格总有一天会给你带来理想中的收获。

一个领导干部，只有具备了这样的大局意识，才能在复杂的形势面前把握正确方向，在大是大非面前不犹豫动摇，在具体工作中把握全局意识和要求，在涉及局部和个人利益时坚守高尚追求，经得起各种诱惑与考验。

克里丹·斯特是美国一家电子公司很出名的工程师。这家电子公司规模并不大，实力也不是很雄厚，时刻面临着规模较大的比利孚电子公司的压力，公司的处境很艰难。

有一天，比利孚电子公司的技术部经理邀请克里丹共进晚餐。吃饭的时候，这个经理说出了自己的真实目的："只要你把公司里最新产品的数据资料给我一份，我会给你很好的回报，怎么样?"

克里丹一向是个温雅的绅士，但这次却显得出奇地愤怒："不要再说了！我们公司目前的处境虽然不是很好，但我绝不会出卖自己的良心做这种见不得人的事，我是绝不会出卖自己的公司的!"

经理眼见克里丹的表情十分严肃，心知他是认真的。于是他没有再提数据资料的事，反而拍了拍克里丹的肩膀："好好好，别生气，这事当我没说过。来，干杯!"

没过多久，克里丹所在的公司真的破产了，克里丹也因此失业了。就在克里丹最沮丧的时候，他竟意外地接到比利孚公司总裁的电话，说是让他去一趟比利孚电子公司总部，有要事与他面谈。

克里丹如约来到比利孚公司，接待他的竟然是比利孚公司的总裁。更让他感到意外的是，总裁拿出一张非常正规的聘任书——他们要聘请克里丹做"技术部经理"!

克里丹惊呆了，他喃喃地问："您没有开玩笑吧，这么重要的工作交给我，您放心吗?"总裁哈哈一笑，说："原来的技术部经理退休了，他向我说起了那件事，并特别推荐你。小伙子，你的技术非常过硬，你对企业的忠诚更是让我佩服，你是值得我信任的那种人!”

有些领导干部，不会傻傻地去做损害公司利益的事，他们会想：仅是自己发展好了，公司却没有发展，那么自己最终也好不到哪里去。所以，为了企业，也为了自己，我们需要有一定的眼光，把自己的目标融入企业的目标当中，做到真正地为大局着想。要知道，只有企业发展了，我们个人才能有发展的机会。

◎有一种撤退叫前进◎

职场中，我们经常遇到需要放弃的事情，而放弃仅是一种手段，前进才是我们的目的。

世界上没有永远的成功者，也没有永远的失败者，有时候，必须为大局而暂时舍弃一些利益，才能得到更大的利益。其实，任何事业在某种意义上都是局部的利益，都在一定的大局之内。要想把事业做好，就必须观察大局，然后一切从大局出发。不然，纵然你有千条妙策，也难有作为，因为局部永远成不了全局，也算不了什么事。

众所周知，杜邦以前是做军火的，那么他们后来为什么要进军化学工业这个行业呢？这跟杜邦家族的领头人皮埃尔有着很大的关系。

第一次世界大战要结束的时候，皮埃尔就意识到了危机。杜邦过去的优势是军火，但是在和平年代，这一优势荡然无存。而且杜邦家族因为做军火生意，被美国人民称为“死亡贩子”，而杜邦也成了美国人民最憎恶的名字。可以想象，声誉糟糕到如此境地的公司经营起来会是多么的艰难。

不过，杜邦并没有因此陷入危机，因为早在第一次世界大战还未结束的时候，杜邦公司的总裁皮埃尔就已经决定放弃军火生意，走化学工业的道路。皮埃尔的这一决策不仅符合历史的大趋势，而且也是煞费苦心、颇为巧妙。当时的美国工商业竞争非常激烈，各大财阀割地而据，各自抢占了属于自己的领域，只有化学工业依然薄弱——财阀们尚未感觉到化学工业会比投资证券、钢铁、汽车之类的工业更赚钱。

杜邦选择化学工业，也不是说没有一点优势的，因为制造军火的时候，他就有一大批化学家，而且制作化学用品的材料也是制作军火必需的。这样，转产可以让他减少不少损失，并且一旦新的战争爆发，再转产回去继续搞军火也十分方便。

结果，结束，杜邦马上就建立起了化学工业帝国。当杜邦的产品尼龙袜子第一次在世界博览会上出现时，立刻引起了全世界的轰动。从那一年开始，尼龙制品像军火一样为杜邦家族创造财富，也正是从这一年开始，整个棉纺织业开始衰落……

如果杜邦公司没有及时改变经营方向，不难猜到当战争结束后杜邦公司的处境会怎样。这个世界上没有偶然的成功，只有必然的失败。行业拐点、技术升级、社会突变，都会导致市场发生剧烈变化，这是最考验老牌企业的时刻。因为老牌企业是靠一些旧优势成功的，并且是现有市场的既得利益者，它们并不想改变现状，放弃自己的利益。更何况有的企业要从一个已经称霸的行业中跳出，去一个全新的行业开辟全新的市场，这需要极大的勇气和一定的冒险精神。但是，为了长远的利益，为了大局，该放弃的时候就要果断放弃。

有一个精明的花草商人，从遥远的欧洲引进了一种名贵的花卉，将之培育在自己的花园里。但是他发现，自己培育出的花一年不如一年。无奈之下，商人便去请教一位植物学家。植物学家跟着商人来到他的小花园，转了一圈之后，对商人说："你要想培育出名贵的花，就必须把你的种子分享给你的邻居。"

商人不得其解，植物学家说："尽管你的名贵之花种满了你的花圃，但比邻的花园却种植着其他的花卉。这样，名贵之花传授花粉时就染上了邻居花园里的花粉，所以你的名贵之花失去了本色，一年不如一年。"商人知道原因后，马上就把种子以及培育技术一一分享给了邻居们。

令人意外的是，次年春天花开的时候，商人和邻居们的花圃几乎成了名贵之花的海洋，这些花颜色典雅，雍容华贵。花一上市便被抢购一空，商人和邻居们都发了大财。邻居们很感动，纷纷向商人表示感激，并敬佩地尊称他为"花王"。

作为领导干部，对企业的工作大局必须有清醒的认识。有舍才有得，该放弃的时候就要放弃。话说回来，顾全大局看似是在做一笔"赔本"买卖，但最终往往可以获得更多。

第 2 个修炼
在大局下行动

“不谋全局者，不足以谋一域”。坚持在大局下行动，对领导干部来讲，就是自觉服从于企业和集体工作的大局，服从、服务于企业和集体建设的全局。只有胸中有全局，行动顾大局，才能明确工作的方向，进而让企业以稳定持续的速度发展。

第五章 ／ 如何做到统筹兼顾

对于领导干部而言，统筹兼顾不仅是一种工作方法，更体现为领导者的一种能力和素质。它深刻地反映了领导者的大局观念、宏观把握能力和高瞻远瞩的眼光。只有领导者做到统筹兼顾，才能科学筹划、协调发展。

◎企业要发展，科学合理的制度很关键◎

著名管理咨询专家刘光起先生说："管理就是管出道理，道理就是规则规范。"任何一家企业都需要规章制度，一个具有大局意识的领导干部要善于用制度去管理下属。

不少领导者都抱怨员工不好管，自己的决策很难执行下去，不是这里出现问题就是那里出现问题。其实，究其原因，主要还是因为没有科学合理的规章制度。举例来说，人们之所以要工作，是因为可以获得利益。如果企业的员工拼命地工作，但是却没有得到该得到的报酬，那么员工就会失去积极性。要想避免此类情况出现，就需要有一套合情合理的规章制度。可以说，建立合情合理的制度是维持企业稳定发展的关键。

俗话说"有人的地方就有江湖"，同样地，有组织的地方必须要有制度，而且制度必须合理，否则组织就很难发展壮大。一个缺少制度和规范的公司就如同一个缺乏法制的国家，早晚会陷入混乱不堪的境地。

然而，现实中还有很多企业在制度及其相关管理上做得很不到位，甚至漠视、轻视规章制度的制定，认为可有可无，或者可执行可不执行。实际上，这不仅是企业管理水平低下的表现，更是管理者管理意识淡薄、管理能力低下的表现。

张良最近很苦恼，因为上个月他的公司大部分骨干纷纷辞职不干了，这让公司一下子陷入了困境。他很纳闷，这些骨干都是为公司立下汗马功劳的，甚至有不少人从公司注册的那一天，就开始跟着自己一起创业了。他们究竟为什么非得辞职呢?

带着心里的诸多疑问，张良开始私底下打听这些骨干辞职的原因。最终，张良发现，他们既非为外界高额利益诱惑跳槽到其他企业另谋高就，也没有另起炉灶与自己分庭抗礼。

此时，张良更疑惑了。后来，他找了一位骨干的好朋友，与其深入交谈才知道，原来是自己的奖罚出了问题，没有做到赏罚分明。刚创业的时候，条件艰苦，困难重重，大家齐心协力，一起艰苦奋斗，谁都没觉得有什么不公平。后来产品研制成功，经营有了起色，能赚多少就拿多少报酬，也没人心生怨言。等到公司真正发展壮大了，问题就出现了。因为有些技术骨干为了公司的核心项目不分黑白地努力工作，攻克了一道又一道难关，为企业的技术创新、产品开发付出了巨大的心血，但得到的报酬却与普通员工差别不大。

这是由于公司没有统一的考核标准，无章可循，无法可依导致的。在这种局面下，很多技术骨干觉得付出与收入不符，认为没有享受到自己努力推动企业快速发展带来的成果。长此以往，他们的心里便越来越不平衡，最后选择了一起离开。

制度不合理，下属们的利益就无法协调，也就无法发挥出下属们对工作的积极性，甚至还会导致他们故意跟领导唱反调。由此说来，企业的领导者一定要给企业建立一套合理的制度。

关于这一点，万科的前总裁王石很赞同，他曾经说过这样一句话："我们从不培养接班人。万科培养的是团队，建设的是制度。如果接班人不能胜任的话，但有制度做保障，纠错换人还是很容易的。"由此可见，一个合理的规章制度非常重要。企业要想规范管理，高效运作，就必须制订既完善又可持续优化的管理制度。这样一来，企业才能够持续发展。

制订出科学合理的规章制度，其实就是大局观的体现。那么，如何才能制订出科学合理的规章制度呢?

第一，要合情。不能看到别的公司那一套制度很不错，就直接拿来用。这样很可能会造成管理上的不和谐。很多中国的企业都在学习一些外国优秀企业的制度，也有不少的企业直接使用他们的制度，但却总会发现各种各样的问题。其实，主要原因就是不合情，之所以这样，是因为人家的那套制度是建立在自己公司文化的基础之上，你没有那样的企业文化，是很难做到和谐管理的。

第二，要合理。制度合理，主要体现在让公司里的所有人甚至包括公司的客户都觉得比较公平。也就是说，我们在制订制度的时候，要考虑到公司、社会、客户等诸多方面的利益要求，尽量做到平衡。我们必须尽量让公司各部门和层级之间不要因为利益而产生矛盾。在很多企业中，一线技术人员和后勤支持人员之间的矛盾很深，特别是在薪酬和职业发展道路方面，主要原因就是一线技术人员往往认为公司的制度不合理，他们付出得太多，但得到的利益太少；而后勤支持人员却认为他们和一线技术人员之间在薪酬等方面的差距太大，很不公平。

第三，要合法。公司制订的制度必须符合国家的法律法规，这是最基本的要求。特别是一些财务规定和人力资源方面的管理，不能单纯从公司利益出发，还要考虑到社会要求和员工的利益，否则最终吃亏的还是公司自己。

第四，领导们在制订制度的时候，一定要以公司的章程为要求，以公司的利益为最高要求，而绝不能仅仅以部门甚至个人利益为出发点。

第五，公司制订的制度不能与公司的其他制度相冲突，不能出现制度之间相互矛盾和对立的情况，否则不利于执行。

第六，还有一点就是，制度贵在精，不在多。有些公司制度不少，但是却没有起到正作用，甚至还起到了反作用。毫无疑问，这样的规章制度定得再多也没有用。而那些规章制度较少的公司，管理起来反而容易些。所以说，为了企业获得很好的发展，为了自己的团队不断壮大，也为了自己的利益不断增加，一套科学合理的规章制度是必不可少的。

◎合理安排，才能高效地完成任务◎

领导者要围绕整体目标，明确分工和协作的范围，充分调动人的积极性，发挥人的聪明才智。只有这样，才能高效完成工作任务。

中国象棋中一共有七种棋子：将、士、象、车、马、炮和卒。

“将”是棋中的首脑，是对方矛头指向，它能上能下，能左能右，就是不能出九宫之门；“士”是“将”的贴身保卫者，它只能在“九宫”之内沿着斜线前进或后退一格，不能平移；“象”走田字，它的主要作用是防守，保护自己的“将”；“车”是威力最大的棋子，只要无棋子阻拦，它就能横冲直撞，故有“一车十子寒”之称；“马”走日，因为它能到达四面八方的八个点，故有“八面威风”之说；“炮”是中国象棋中很独特的一个棋子，它的特点是直线隔子捉吃；“卒”则是永不后退的棋子。

下象棋的精髓之一在于合理运用这些棋子不同的特点和走法，或进攻或防守，或按兵不动，或主动出击，从而取得棋战的胜利。合理地安排人事，是一个想培养自己大局意识的领导者必修的功课。作为一位领导干部，你可以不懂技术，但是必须要懂得如何用人，也只有把每一个员工调到最适合他们的位置，你的决策才能很好地执行下去，这样团队才能拥有强大的战斗力，企业才能发展壮大。

去过弥勒庙的人都知道，一进庙门就能看到笑脸相迎的弥勒佛，而在他的后面，则是阴沉着脸的韦陀。但据说在很久以前，他们并不是在同一座庙里，而是分别管理不同的庙。

弥勒佛热情快乐，所以来他庙里的人非常多，但他什么都不在乎，丢三落四，也不爱管理账务，所以入不敷出。而韦陀虽然是一个优秀的管理人才，但由于太过严肃，搞得人却越来越少。

后来，佛祖在查香火的时候发现了这个问题，就把他们两个放在了一个庙里。由弥勒佛在庙门口迎接客人，于是香火大旺，而韦陀铁面无私，则让他管理整个庙。就这样，庙里出现了一派欣欣向荣的景象。

对于企业领导者来说，既然你在众多的求职者中招聘了对方，那么他们就不可能是个一无是处的人。如果他们在公司里没有发挥出真正的作用，那么一定是领导者没有发挥出自身的能力。

汉高祖刘邦非常善于用人，他用人只求独当一面而不要求文武齐备，他深知人无完人。因为他本人就有很多缺点，他所用的人大都也是如此，几乎所有的人都有一技之长，而像英布和彭越这样在品德上有些小缺点的人，他仍然敢用。刘邦比任何人都很清楚，这些人只要联合起来，就无往不胜，可以为自己夺得整个天下。

关于这一点，我们从《三国演义》中也能得到一些启示，刘备在请到诸葛亮之前，虽然拥有关羽、张飞、赵云等一流的战将，但无立足之地。究其原因，主要是“关、张、赵，皆万人敌，惜无善用之人”。

接下来，我们看一个现代企业中相关的故事。

张喜是深圳一家公司的销售主管，由于经常去香港的一家上市公司谈业务，认识了在这家公司工作的张宏。张宏是学计算机的，人非常灵活、聪明。他当时是软件工程师，负责软件开发。不过，在他们部门里，张宏只是一名很普通的技术员，由于做技术的需要耐住性子，而张宏偏偏又不是那种性格，所以他的领导很不喜欢他，以至于他在自己的部门工作得一点都不愉快。

后来，张喜通过和张宏的几次交流，发现他对市场很敏感，并且还能提出一些独特的看法。有一次，张喜在他们公司谈完业务后，想起自己的部门非常需要销售人员，就找到了张宏，征求他的意见，问他是否愿意到他们公司去上班。张宏看着张喜说：“我从来没做过销售，你看我行吗？”

张喜鼓励他说：“我看可以。”

张宏确实不负众望，工作非常投入，和客户关系很快融洽，没多久就将西北一个省的系统集成项目搞定，自己的工资和奖金都大大提高。后来张喜被调回了总部，张宏凭着自己的努力在短短一年内当上了主管。

因为慧眼识珠，也因为做到了合理安排，张喜为自己的团队，也为公司争取到了一名销售精英。而最终的事实也表明，张宏果然不负众望，取得了令人刮目的良好成绩。

作为领导干部，在安排人事方面切忌随随便便，一定要做到合理。一个能力再强的领导干部如果不能把人才安排到合适的地方，并分给他们适合其自身的工作，那么就会导致他们在工作的时候本来所具备的才能发挥不出来，而工作中所需要的技能又不具备。

那么，作为领导干部，又该如何做到合理安排人事呢？

首先，要公平、公正地去看待员工。每个人思想境界不同、思维不同，所以很多人对于人才的认识都有自己的一套观念，比如有一个领导干部非常不喜欢性格活泼的人，那么他有可能就会给性格活泼的员工安排一些不适合他们的工作来刁难对方，这样对下属是很不公平的。作为领导干部，必须摘掉你的有色眼镜，公平、公正地看待对方。

其次，要全面看待员工。一个合格的领导干部，绝不能因为下属不能做某项工作，就全盘否定人家的才能。我们只有全面地看待对方，发现他们身上的优点和缺点，才能真正地把他们安排到合适的位子上去。

最后，员工的搭配要尽量做到各种互补，比如年龄互补、个性互补，等等。我们不能安排两个性格暴躁的人去做一件需要特别安静的人才能做成的事情。

总之，一位合格的现代企业领导干部必须合理地安排人事，这样才能发挥出员工在企业中的作用。

◎团队精神，让大家一起创造奇迹◎

真正的成功来自和谐的团队，只有团队中的各个成员团结起来，心往一处想，劲儿往一处使，才能产生巨大的力量和智慧，最终走向胜利。作为领导干部，有必要让团队中的每个成员充分认识到这一点。

在如今这个时代，团队精神已经越来越被企业看重。在工作中，那些习惯单打独斗的人已经越来越不受欢迎了。因为一家企业要想发展起来，并不是只靠一个人的力量，而是必须要让企业里的所有人互相合作。一个人哪怕能力再强，阅历再丰富，也无法靠自己的力量让企业正常运转。因此，企业必须重视团队精神，可以说，团队精神是企业的灵魂。

一家企业如果没有团队精神，那么即使企业的领导者想出再完美的决策来，也无法让它执行下去。相反，只有内部和谐，领导者才能做到统筹兼顾。而要想一个团队具有团队精神，这就需要企业的领导者以及下面的领导干部培养员工们互相合作的精神。

美国一家大公司，要面向社会招聘3名高层管理人员，来参加面试的有上千人，最后只有9位优秀的应聘者进入了最后的复试。

复试由老总亲自把关。他看了9个人的基本资料后，就把9人分成了甲、乙、丙三组，指定甲组的3个人调查妇女用品市场，乙组的3个人去调查本市婴儿用品市场，丙组的3个人调查老年人用品市场。

老总解释说："我们招聘的人是用来开发市场的，所以，你们必须对市场有敏锐的观察力。现在让大家调查这些行业，就是想看看你们对这个新行业的适应能力。每一个小组的成员都必须全力以赴！现在我这里为你们每个人都准备了一份相关的行业资料，你们走的时候到我秘书那里去取。"

两天后，这9个人都把自己的市场分析报告给了老总。

老总看完后，站起身来走向乙组的3个人，分别与之一一握手，并祝贺道："恭喜3位，你们已经被本公司录取了。"

大家都很疑惑，老总笑着说："只要你们把我给你们的资料互相看看，就明白了。"原来，每个人得到的资料都不一样。甲组的3个人得到的分别是本市妇女用品市场过去、现在、将来的分析，其他两组的也类似。

老总继续说："乙组的3个人很聪明，他们互相借用了对方的资料，补全了自己的分析报告，既提高了工作效率，又体现了团队精神。而甲、丙两组的6个人却各干各的，没有团队意识，我出这样一个题目，主要就是考察一下你们是不是具有团队精神，因为一个既有能力又有团队精神的员工才是企业需要的员工。”

没有团队精神的企业不可能成功，没有团队意识的员工也不可能受到企业的欢迎。作为企业的领导者，要比任何人都明白个人能力永远无法超越团队力量这个道理。

我们知道，随着企业规模的日益庞大，企业内部的分工也越来越细，这就更加说明了，一个人的力量不可能对企业的大局产生影响。但是，如果企业里的每一个人都拥有团队精神，那么这样的力量却是惊人的。

团队精神其实就是一种大局意识。如果领导缺乏这种意识，就会造成团队内部的不稳定，而自己则会失去很多发展的机会。

美国GE（通用电气公司）连续三年被美国《财富》杂志评为“最为大众推崇的企业”。这个“最受推崇的企业”需要的员工应是什么样的呢？GE（中国）有限公司人力资源总监在接受记者采访时说：“我们需要那些在某一些方面有天赋的员工，但我们更需要的是员工们的团队精神。”

微软中国研发中心总经理也曾经说过：“如果一个人是天才，但其团队精神比较差，这样的人我们不会要。中国IT业有很多年轻聪明的天才，但团队精神不够，所以每个简单的程序都能编得很好，但编大型程序就不行了。美国微软开发Win-dowsXP时有500名工程师奋斗了两年，有5000万行编码。微软需要协调不同类型、不同性格的人员共同奋斗，缺乏领军型人才、缺乏合作精神是难以成功的。”

所以，作为企业的领导干部，我们不仅要完成上级给自己布置的任务，而且还要想得更全面，并努力培养下属们的团队精神。至于如何打造团队精神，领导干部有必要注意以下几点。

第一，在组织内慎用惩罚。

没有人喜欢受到惩罚，即使他知道自己犯了错误。惩罚导致的行为是退缩、消极的、被动的。惩罚是对员工的否定，一个经常被否定的员工是没有多少工作热情的。

第二，建立有效的沟通机制。

在日常工作中要保持团队精神与凝聚力，沟通是一个重要环节，比较畅通的沟通渠道、频繁的信息交流，不仅可以使目标顺利实现，还可以增加团队成员之间的感情。

第三，逐渐形成团队自身的行为习惯及行事规范。

要做到这一点，首先需要领导干部自己做好表率。只有领导自己作出了榜样，才能真正建立起他的威信，从而保证管理中组织、指挥的有效性。员工也会自觉地按照企业的行为规范要求自己，形成团队良好的风气和氛围。总之，没有团队精神的企业是不可能做到统筹兼顾的。

◎注重和谐，让各部门及下属之间关系融洽◎

和谐友好的人际关系是企业凝聚力的关键，也是打造核心竞争力的重要条件。同事之间由于个性差异或利害冲突等，往往会有某些“不谐之音”，造成彼此“窝里斗”。身为领导干部，有责任化解下属之间的矛盾。

很多招聘启事上都会注明“要求具备很强的团队协调能力”。即使是招聘一个普通的员工，这一点也不可或缺，而作为企业的领导干部，团队协调能力就更需重视了。

但现实中我们发现，并不是所有的领导都懂得怎样来协调自己的团队，不少领导干部会冲着员工们喊出响亮的口号：“我们一定要加强团队合作，要讲奉献，要上下拧成一股绳，我们的工作则无往而不胜!”

这样的口号在一定程度上会唤起下属的士气，但往往三分钟热度过后，口号的效力就减弱甚至消失了，各部门仍为了自己的利益各自为战。结果，虽然看起来各部门都能完成任务，为部门赚了一些钱，但是由于没有考虑大局，从整体来看，企业其实是亏本了。

据统计，管理失败的主要原因之一就是领导干部和同事、上级的关系处不好。一个成功的领导干部必须要协调好各部门以及下属之间的关系，如果做不到这一点，那么他肯定无法顺利地开展工作。

大名鼎鼎的乾隆皇帝是一位很善于处理下属之间关系的高手，他的身边有两大红人，一个是和珅，一个是刘墉。乾隆经常让这两个人闹小矛盾，互相踢咬，防止两人联合起来对付自己。如果两人矛盾闹大了，他还会以“和事佬”的身份出现，化解他们之间的矛盾。

相传，有一天乾隆在和珅和刘墉的陪同下游山玩水。乾隆随口问了一句：“什么高，什么低，什么东，什么西?”

这么简单的问题，自然难不了饱有学识的刘墉，他随口即应：“君子高，臣子低，文在东来武在西!”

和珅也是一个很有才学的人，他见刘墉答在自己前面，十分不快，随即相讥：“天最高，地最低，河(和)在东来流(刘)在西!”当时的皇家礼仪中，上首为东，下首为西，此话暗示：你刘墉再有能耐，还在我和珅的下首。

刘墉当然知道对方是在嘲讽他，便暗自寻找机会回击和珅。

当三人来到桥上时，乾隆要他们各自以水为题，拆一个字，说一句俗话，做成一首诗。

刘墉反应非常快，张口即来：“有水念溪，无水也念奚，单奚落鸟变为鸡。得食的狐狸欢如虎，落坡的凤凰不如鸡。”

和珅一听，知道对方是在骂他是鸡！岂能饶过他，说道：“有水念湘，无水还念相，雨落相上便为霜，各人自扫门前雪，休管他人瓦上霜！”告诫刘墉，给我当心点儿！

乾隆知道两人又在较劲，便一手拉一人，对着湖水中映出的三个人影说道：“二位爱卿听着，孤家也对上一首：有水念清，无水也念青，爱卿共协力，心中便有清。不看僧面看佛面，不看孤情看水情。”

二人听了，知道自己不能太过了，需要收敛一些。便立刻拜谢乾隆，当即握手言和了。

领导干部除了能合理地安排人事之外，最重要的工作就是要协调好各部门以及下属之间的关系。因为只有解决掉各部门以及下属之间的矛盾才能减少内耗，共同推动工作的开展。

作为领导干部，凡事都要以大局为重、以事业为重，从维护团结的良好愿望出发，不斤斤计较。但是涉及大是大非的问题，一定要坚持原则，坚持真理。与此同时，还要讲究表达方式，避免言辞激烈，情绪激动，伤了大家的和气。

为此，我们建议领导干部们，要想处理好自己与大家的关系，就必须要有宽阔的胸襟和宽厚的气度。不要担心解决了对方的矛盾，人家顺利完成了工作，就会超过自己，甚至夺走自己的位置。我们应该做的是，向他人学习，不断地完善自己。

当下属之间发生矛盾的时候，领导干部一定要尽快地化解。如果对方公说公有理、婆说婆有理，而对于自己来说，手心是肉，手背也是肉。这时候，就需要我们懂得“和稀泥”，因为只有这样，矛盾才会在无形中得以化解。而这也是一个领导应有的成熟与智慧。

如果工作中出现失误和差错，我们要及时指出，跟大家一起想办法采取措施加以补救。别人犯了错，我们不能看人家的笑话，更不能落井下石，这样不仅对解决问题不利，而且还会加深你们之间的矛盾。

当我们自己在工作中出现错误的时候，也要勇敢地承担责任，不能往别人身上推。只要有功不居、有过不诿，我们才能与各部门以及下属之间的关系更加密切、融洽，工作起来才能更齐心。

这里需要提醒的是，虽说良好的工作氛围是好的，但是领导干部不能跟大家过从甚密，应把握分寸。否则，就有可能影响到自己的威信，使组织原则与纪律大打折扣。

◎良好的工作氛围，为企业增添力量◎

不要再责怪自己的员工不是最优秀的，也不要再责怪自己的员工工作总是不积极，因为我们首先要看看企业里是不是缺少一种好的工作氛围。

很多企业领导者苦恼于做事不能统筹兼顾，不是这里出现问题了，就是那里出现问题。其实，很大程度上是因为企业没有一个好的工作氛围，才导致员工们做事没有激情，总是犯错。现在的社会正在飞快地发展，一个员工倘若进步太慢，就会被淘汰；一家企业倘若进步太慢，就会倒闭。

作为一名领导干部，要想自己不被淘汰，必须提高自己的能力；作为企业要想不倒闭，就要增强员工整体的能力。所以，无论从领导干部自身，还是从企业来看，提升自己及员工的能力都是必要的选择。而要做到这一点，必须要让大家拥有好的工作氛围。为什么很多地方都有大学城，这是因为学生们需要有一个很好的学习氛围；为什么做 IT 的企业大多在中关村附近，除了这里各种资源丰富之外，另外一个重要的原因就是这里的工作氛围非常好。

张怡然是一家策划公司的老板，他本人也非常有才华，自经营以来可以说是一帆风顺，没有遇到多大的问题。但是，随着信息时代的到来，他渐渐感觉公司的一些策划模式已经远远落后于其他一些新办的企业。他不明白自己跟以前一样努力地工作，怎么会被这些新办企业超过呢?

于是，他找了一位企业顾问进行咨询。

这个企业顾问在他的公司以及附近转了一圈后，对他说道："你们公司应该换个地方。"

张怡然很疑惑地问道："为什么要换，我们在这边难道就不行吗?"

企业顾问对他说："你的员工工作是不是缺乏激情？你的公司的人员是不是流动性很大?"

张怡然点点头。

企业顾问说："那就对了。之所以有这样的问题，原因在于你们公司的工作氛围不好。公司外面就是熙熙攘攘的街道，各种声音充斥着你们的耳朵，而你们的工作本来就需要在一个安静的环境下进行。所以，一个心境不是特别好的人，根本就很难在这种环境下保持最好的状态工作。你可以看看，你们竞争对手的公司是怎样的，你就知道为什么他们能超过你了。"

其实，张怡然早就思考过这个问题，但是由于公司离家近，也就没有想过要搬离。听了企业顾问的话，他就去几家竞争对手的公司走了走，才发现人家的工作氛围确实比自己的好。于是他果断地决定让公司搬离这里。

他想了很久，把公司搬迁到了一个高科技文化园，这里有各种各样的公司，而且还有公共图书馆、食堂，附近的环境也非常不错。公司搬迁后，员工们的工作积极性确实提高了不少。以前总是要加班加点才能完成任务的人，如今都能很好地完成。

只是环境有所变化，便让工作的氛围和工作的效率大大改善，使公司有了巨大的改变。我们必须承认，任何一个人多多少少都会被环境所影响。在一个不好的环境下工作，我们会受到各种干扰，很难保持最好的状态工作。

所以，要想让自己的团队保持良好的战斗状态，领导干部们就必须要为大家提供良好的工作环境和工作氛围。

松下幸之助一直以把将企业打造得像家那样温馨为目标。所以，他经常到员工中间去，亲切地与他们聊天，并且问候他们的家人。如果员工在工作或者生活上有困难，都可以直接去他办公室找他。

一次，松下幸之助在外旅行，但没过多久就回来了。员工们都很纳闷，于是有个经理就走过去追问原因，松下幸之助略带失望地说："你们都不在，我一个人玩没什么意思。"接着，他安排了一次盛大的聚会，让所有的员工都一起参加。

在聚会上，他还叫工作人员摆了一个大玻璃箱——里面竟然有一只巨大的短吻鳄！员工们都惊呆了！

此时，松下幸之助微笑着说："这家伙应该很好玩吧？"

很多员工根本就没见过短吻鳄，何况还是这么大的。所以，当松下问他们的时候，他们高叫着好玩，现场的气氛非常热烈。松下幸之助接着说道："虽然我的旅行很短暂，但这是我最难忘的记忆！现在我把它买回来，是希望你们能与我共享快乐!”

松下的这番举动绝不是逢场作秀，类似的事情经常在公司里发生。他每到一个地方，那个地方就谈笑风生，员工们都很喜欢他，并把工司当成自己的家一样，工作起来也就会特别卖力了。

正是松下的这种形象使公司里的员工们获得了一个温馨快乐的工作环境，也正是这个环境成就了松下公司的辉煌。对于一个领导干部来说，越是让员工感觉到家的温馨，公司就越能吸引员工，就越能营造出其乐融融的工作氛围，进而提高整个团队的凝聚力和战斗力。

一个良好的工作氛围，成员之间会互相学习、互相尊重、互相谅解、互相信任、互相支持，会在工作上“九牛爬坡，个个用力”。一个良好的工作氛围无疑也是一个具有凝聚力和战斗力的团队，其力量不是其组成人员个体力量的简单相加，而是会产生不可估量的合力。中国有句古话叫“人心齐，泰山移”。只要大家心往一处想，劲往一处使，就会形成强大的发展合力，就能扫除前进道路上的一切障碍与困难。

朱棣文是美国华裔物理学家，他有美国人外向大方的性格，又有着中国人谦虚随和的优点。在得到诺贝尔物理学奖的那天上午，斯坦福大学为他的获奖举办了一场临时记者招待会，当记者希望他发表一下获奖感言时，朱棣文说：“对于这次获奖，我感到很意外，因为还有很多比我杰出的科学家都没有得奖，我心里感到十分惭愧。”

当天下午，学校的师生们为朱棣文举行了一场庆祝会，朱棣文感谢人们的祝贺，他说道：“斯坦福大学有着出色的学术研究环境，培育了许许多多的优秀人才，自己只是其中较为幸运的一个。”当有学生问道，他成功的关键是什么的时候，朱棣文说：“我的成功跟我的父母和家庭有着直接关系，我生活在一个人才辈出的家庭，在整个家族中至少有12位拥有博士学位或大学教授职位，生活在一个人才众多的家庭中，我常常感觉自己是一个笨蛋。所以，我必须每时每刻都要拼命地学习。”

在一个良好的环境里生活或者工作，即便这个人不是很聪明，但是周围优秀的人总是能够给他作出榜样，让他及时发现自己和别人的差距，那么最后他很可能成为一个特别优秀的人。

美国前副总统林伯特·汉弗莱说：“我们不应该一个人前进，而要吸引别人跟我们一起前进，这个试验人人都必须做。”领导者的行为本身就是一把尺子，下属就是用这把尺子来度量自己的。领导者要处处为下属树立好的榜样，这样下属们才会变得更加优秀，管理起来也会更加轻松。

因此，领导干部的责任不仅是把上级交给自己的任务完成，还要从大局上考虑，主动给下属营造一个良好的工作氛围。社会是不断地向前发展的，一家企业如果没有好的工作氛围，就很难调动员工的积极性，就会赶不上社会的脚步。

有时候，对于企业的领导者来说，为员工花钱营造一个良好的工作氛围看起来愚蠢，因为良好的环境不能马上给他带来利润。作为企业的领导干部，任何时候都需要从大局上考虑，虽然营造一个良好的工作氛围暂时会损失一部分利益，但是从长远来看，我们却可以得到更多的利益。好的工作氛围对于一家企业至关重要，领导干部要想做到统筹兼顾，是很有必要为员工营造一个良好的工作氛围的，如果能将此形成一种文化，那么必然更能增强企业的凝聚力。

第六章 ╱ 如何做到防患于未然

作为领导干部，我们需要时刻把危机意识放在心头，要对危机有足够的预见力，并能够为企业提供合理化的建议，帮助企业顺利渡过危机。这样做，不仅是在为企业保驾护航，也是在保护自己的事业。

◎先企业之忧而忧，时刻把危机意识放心头◎

在当今这个信息以惊人速度传播的时代，任何小的事件都有可能被媒体无限放大，我们已经进入了一个危机高发的时代，因此，企业必须具备强烈的“危机意识”。

“如果想将冰激凌卖好，就要从冬天开始，因为冬天买冰激凌的顾客少，会强迫你降低成本，提高服务。如果冰激凌在寒冷的冬天坚强地生存下来，顺利地度过逆境，那就不会惧怕夏天的竞争。”这是某位企业家告诫该企业员工的一句话。世界变化万千，什么事情都可能发生，如果没有一点危机意识的话，一旦遇到困难，就有可能让企业倒闭。作为企业的领导干部，必须要时刻把危机意识放在心头，如果事先有充分的认识和估计，就会有心理准备以及相应的承受力，勇于迎接挑战，及时调整行动，以退为进，渡过难关。

雷诺公司是专为核动力潜艇生产降低噪声设备的，且有良好的信誉。有一次的订货合同中，由于各种原因，工程进度大大慢于预想的进度要求，这种情况如果持续下去，公司将不能如期履行合同，此后果的直接经济损失将是8亿美元。

公司的CEO亲自到施工现场，督促全公司上万名员工加快施工进程。经过一年的努力，公司终于按期交送买方第一批订货，公司上下都松了口气。当完成第二批订货的时候，公司技术部对仓库中即将装运的设备进行了最后一次预检，结果出现了令人意想不到的情况。技术人员发现有10件设备的主机动力线被剪断了，如果就此安装到核潜艇的核反应堆侧，超标准的排水温会使核反应堆的核料达到临界状态，在一秒钟内就会因连锁聚合核反应引起大爆炸，其后果是不堪设想的。对于这样的事故，常规处理方法是将设备转移到安全地区予以全部拆毁。假如公司这样做，不仅会丧失抓获疑犯的所有线索，而且会使“雷诺”信誉扫地且永无抬头之日。

“雷诺”公司面临着严重的信誉危机，如何处理这一事件，将直接影响到雷诺的形象和利益。

雷诺CEO决定召集全公司职员，把问题的全部真相告诉员工，让员工用一天时间讨论，用最完善的办法解决这一问题。上万名员工来到装配车间，CEO向他们说明了公司面临的危机：“伙计们，如果我们不能顺利渡过这场劫难。不只你们，还有我，全都会成为街头的无业游民，或者到贫民窟里安身立命，我们辛苦经营的公司也将毁于一旦。这一重要问题决定企业的生死存亡，关系到公司上下万名员工的切身利益。我没有权利独自作出决定，所以把你们召集起来，就是要寻求一个两全其美的办法来，既保住公司的荣誉，又保住你我的饭碗。好了，大家努力吧，上帝赐福我们。”

总经理立即成立了几个机动小组，分组对问题的关键环节进行讨论，想办法解决问题。他们用了5个小时，首先，搞清楚事故的责任问题，这涉及具体任务执行人员和他们的直接授权人，然后又花去 3 个小时，找出了每个环节带来麻烦的负责人……

在这次处理危机事件的过程中，公司管理层把危机处理的权力下放给每一位员工。只要是公司的员工，他们都有机会提出自己的意见和建议。据事后统计，在危机处理过程中，关于各环节问题，由员工提出的成功行动计划超过了 15000 个。采用这种办法来解决问题，无疑得到了满意的结果。这也从深层次上说明了一个既简单、又重要的问题：集体之中蕴含着巨大的力量。

10 个月以后，雷诺公司的运营完全恢复了正常，为了按期按质履行合同，全体员工自发地将加班钟点增加了 4 个小时，进而有效地确保了工程进度。生产各环节受到更严密的监测，产品质量得到了保证。经过大家的共同努力，不仅保住了公司的信誉，还解决了公司生存与发展的危机，也保证了内部员工的纯洁性，使以后的工程得以顺利展开。

没有危机意识的领导就根本谈不上拥有大局意识。忧患意识一直是人类社会的必备思想。所以，作为领导人时刻把危机意识放在心头是很有必要的。

很多企业往往只坚持了短短一两年就倒闭了，它们关门大吉的主要原因不尽相同，但是有一个共同点就是，领导人缺乏危机意识。今年这个东西好卖，就卖这个；明年那个好卖，就卖那个，从来就没有好好地想想，如何才能长远地发展。这样的企业领导人又如何能取得长久的成功呢？

领导工作既是一种实践，又是一门学问，还是一种艺术。领导者既是管理者，又是指挥者，更是教育者。作为领导者，拥有强烈的危机意识还不够，还要让所有的员工把这种意识放在心上。可能大家对“温水煮青蛙”的故事很熟悉。青蛙为什么会在慢慢加热的温水里死去，而不会在沸水中死去，原因就是它没有一点危机意识。

当一个人处在危机状态时，精神会高度紧张，注意力非常集中，这时就可能产生巨大的能量，以求摆脱危机。企业也一样，在突如其来的危险面前，大多数人都有着灵敏的反应能力，并及时采取措施，尽可能发挥自己的潜力，最后杀出重围，“死里逃生”。然而缓慢渐进的危机却容易使人放松警惕，面对危机麻痹大意，毫无知觉。

众所周知，日本社会中一直有着强烈的危机意识，无论他们的企业、学校还是政界都盛传危机存在的信息，时时激发日本人的团队精神和奋斗精神。

日本社会之所以会有这么强烈的危机感是有原因的。日本国土狭小，没有资源，只有靠技术，靠奋斗，否则就要亡国。20世纪40年代，日本政府就提出了“民族虚脱危机”、60年代提出“原料市场危机”、70年代提出“资源危机”、80年代提出“贸易危机”。

因为日本资源少，所以有很强的危机感，这是我们很容易理解的。但是，世界上有很多国家资源丰富，也不时地发出诸如能源危机、生态危机、人口危机、道德危机等呼声就有点不容易理解了。不过这些都反映了一个事实，那就是没有危机感，就很难有美好的未来。

可见，危机意识非常重要。一个国家如果没有危机意识，这个国家迟早会出现问题；一个企业如果没有危机意识，这个企业迟早会垮掉；一个人如果没有危机意识，这个人必会遭到不可测的横祸。虽然此时公司蒸蒸日上，但千万不要以为任务失败离你还很遥远，要知道，很多公司都是在迅速发展中突然倒下的。主要原因就是公司里的人都没有重视所面临的潜在危机，当这些潜在危机变成现实危机的时候，他们只能仓皇地应对，而这样仓促地应变根本对危机没有多大的用处。没有居安思危的思想，没有提前作好准备，失败就不可避免。

大公司都是危机造就的，大企业都是从大风大浪中冲杀过来的。一个领导者要时刻拥有危机意识，还要让公司的每个人都有危机意识。总之，一个人或一个企业要想生存得越来越好，必须要有超前的危机意识，只要有了这种压力和危机意识，才能调动员工的积极性，才能改进工作，才能有所创新，最终使企业发展壮大。

◎增强预见力，对危机先知先觉◎

凡事预则立，不预则废。要想防止危机的发生，就必须看得远一些，多做一些预测和准备。

企业要想做到防患于未然，除了要时刻保持危机感之外，还有一项更重要的就是，企业里的人尤其是领导干部对危机要有足够的预见力。

作为领导干部，如果对身边的事情做到先知先觉，对事物的发展趋势做到心中有数，那么就不会被突如其来的危机打晕头脑，迷失方向。

魏文王有一次召见名医扁鹊，他问扁鹊："我听说，你们家兄弟三人都精于医术，但不知道你们当中哪位医术最好呢?"

扁鹊回答说："我大哥最好，二哥次之，我最差。"

听到这样的回答，魏文王很疑惑，因为扁鹊的大哥和二哥根本没有什么名气，于是接着问："那么为什么你最出名呢?"

扁鹊答说："因为我大哥治病，是治病于病情发作之前。由于一般人不知道他事先能祛除病因，所以他的名气根本无法传出去，只有我们家里的人才知道。我二哥治病，是治病于病情刚刚发作之时，一般人都认为他只能治疗一些小病，所以他只在我们的村里有一些名气。而我治病，是治病于病情严重之时。一般人看见的都是我在给病人经脉上穿针管来放血、在皮肤上敷药等大手术，他们认为我的医术很高。因此，名气响遍全国。”

魏文王似乎恍然大悟，连连点头称道：“你说得好极了。”

事后控制不如事中控制，事中控制不如事前控制，可惜的是大多数企业的领导者都未重视到这一点。他们不知道预见，总是等到事情泰山压顶般扑过来的时候才想到要采取措施。这又怎能如他们的意呢？

危机并不可怕，可怕的是没有危机意识。无论是强大的狮子还是弱小的羚羊，在物竞天择的自然界中都面临着生存的压力和危机。如果意识不到存在着这样的压力和危机，稍一松懈，就会成为别人的战利品。

对于自然界的动物来说，生命只有一次，失败者绝对没有重赛的机会。领导者是企业的核心，中下层领导干部是企业的主要力量，做任何事情，都要看得长远一些，想到事情发展到最后会变成什么样。如果企业的领导干部不能正确预测这些变化，那么企业就会在突然出现的变化面前措手不及，进而慢慢地走向衰落，甚至倒闭。

有些人可能会说，我怎么能知道将来会发生些什么呢？其实，事物总是有一定的发展规律，只要你收集足够的信息，仔细分析，就不难看出将来会发生什么事。

1971 年 5 月，当日本外汇储备达到 60 亿美元的时候，日本麦当劳总裁藤田田先生透过各种数据分析，得出不久外汇储备将突破 100 亿美元大关的结论。

这个时候，很多公司都在拼命地发展出口业务。但是，藤田田先生却立即进行公司内部调整，将出口科的人员减少到只剩下三人，其他职员全部并入进口科。他的这个行为遭到了职员们的大肆责难。他还指示，出口仅留3个人，以后的业务除仅有的一小部分外，其他全部停止。

“经理，您就这样眼睁睁地让我们看着赚钱的机会从我们眼前消失吗?”一名优秀的职员哭着向藤田田抗议。

“我不赚钱都可以，我不希望去做亏本生意。现在去接出口业务，看起来我们是要大赚一笔，但是也很可能亏大本。”藤田田是这样来回敬职工们的抗议的。

这期间，有不少同行们给他打来了讽刺的电话：“因为你停止了出口业务，我们才顺利地接到了一笔500万美元的生意，感谢您给了我们这个赚钱的机会，同时还请您不要生气。”

跟他关系不错的一位银行家也打来电话质问：“为什么要停止出口业务?”

“我觉得社会马上就要发生大动荡了。”

这位银行家没有听他的，因为这段时间很多人赚钱都赚疯了，根本丧失了理智。

6月份，如藤田田预测的那样，外汇储备又增加了，达70亿美元。风暴迫在眉睫了。至7月份，外汇储备达79亿美元，美元依然如潮水一般涌入日本市场。

这以后，在很短的时间内，美元跌价，日元上涨。那些接到出口订单的企业全部做了赔本生意，有不少企业因为接的业务过多，而不得不因为亏损宣告破产。而藤田田先生却以他超人的预见力避开了这场破产之灾，还小赚了一笔。

大多数领导干部想的都是如何为企业增加盈利，却很少想过将来可能会发生什么样的危机。作为领导干部，如果想在这家企业里干出一番事业的话，那么最好还是要有一定的预见力，尤其是危机的预见力。俗话说“守江山比打江山难”，企业老板当然希望员工能为他赚钱，但是他更希望能通过员工的努力，让企业稳定长久地发展下去。

所以，作为企业的领导干部，我们不仅要想着如何为企业创造利润，还要想着如何让企业避免危机。事实上，危机在一定程度上是可以预见的，只要我们仔细观察，潜心分析，就一定能找到危机将要发生的蛛丝马迹。

◎有备无患，多为企业提供合理化建议◎

合理化建议是企业革新挖潜、降低成本、提高生产率、增加企业经济效益的重要途径。可以说，提建议是每个员工职责的一部分，更是一个领导干部不可推脱的责任。

衡量一个员工是否优秀，要看他能否给企业提出有价值、有益处的建议，这在一定程度上也反映了员工是否为企业大局着想。作为企业的领导干部，我们应该比普通员工更加有主人翁意识。当发现公司有什么不合理的地方时，就要大胆地向上司或者老板反映，不要只想着如何做好自己的工作，要看得远一点。

要知道，只有企业发展好了，我们才有成就一番事业的平台。优秀的企业领导干部都会把公司的事情当作自己的事情，并且还会像企业的领导者一样，特别关注企业存在的问题或遇到的困难，并积极地为企业提供合理化建议。

方明是一家旅馆的老板，对于旅馆内的一些物品经常被住宿的旅客“顺手牵羊”的事情感到头痛，却一直拿不出很有效的对策来。他嘱咐下属客人到柜台结账时，要迅速派人去房内查看是否有什么东西不见了。刚执行不久，就有几个客人觉得这是对他们的侮辱，并当场表示他们的服务非常差，决定下次再也不住这个饭店了。

方明知道这样下去不是一个办法，于是召集了各部门主管，想想有什么更好的法子，能防止旅客“顺手牵羊”。几个主管围坐在一起冥思苦想了一番。

一位年轻主管忽然说：“既然旅客喜欢，那就让他们带走算了。”

方明一听瞪大了眼睛：“这是哪门子的馊主意？”

年轻主管赶紧挥手表示自己还有下文，他说：“既然顾客喜欢，我们就在每件东西上标价。说不定啊，还可以有额外收入呢！”

方明觉得这个想法有一定的可行性，便让大家按计划来进行。

其实，有些旅客喜欢“顺手牵羊”，并非蓄意偷窃，而是因为很喜欢房内的物品，下意识觉得既然付了这么贵的房租，为什么不能拿一些小东西做纪念品，而且旅馆又没明确规定哪些东西不能拿。

针对这一点，这家旅馆给每样东西都标上了标价，说明客人如果喜欢，可以向柜台登记购买。每个来自远方的旅客来到这里，他们还会送上一份小小的纪念品。方明还让旅店里多了很多东西，比如墙上的画、手工艺品，等等，这些东西都有标价。这样一来，旅馆的里里外外比以前更加美丽了，很多离开这里的客人表示，有机会的话，下次还会来住。

一个合理的建议，不仅避免了一些误会的产生，而且还让公司有了额外的收益。这样的领导艺术不可谓不精明。

作为领导干部我们要明白，工作是成就事业的基础。如果我们像经营自己的事业一样经营自己的工作，努力地去发现企业中不合理的地方，并且提出合理化的建议，那么成功就不远了。

好员工要善于提建议，当然，提建议的前提是必须做好本职工作，只有本职工作做好了，才有建议可提。试想一下，一个人连自己的本职工作都做不好的话，能提出什么合理化的建议呢？

此外，我们还要善于采纳来自下属的好建议。当下属提出建议后，领导干部一定要认真对待。

现在很多企业都建立了“建议奖”制度，目的是希望员工多多提出好的建议。比如IBM公司，只要提出好的建议就付给报酬，即使建议微如芥豆，也能得到奖励。哪怕只是改变一下办公室的布置，也不例外。

有个年轻人找到了一份邮递员的工作，刚开始工作不久，他就发现邮递员凭不太准确的记忆拣选分发信件，会导致许多信件因为记忆出现差错，而无谓地耽误几天甚至几个星期。他积极地想着是否有好的办法，提高工作效率。

经过长期地观察和思考，他发明了一种把寄往某一地点的信件统一汇集起来的方法。这看起来是一件很简单的事，却成了改变他命运的重要的筹码。他的图表和计划吸引了上司们的注意。很快，他升职了。5年以后，他成了铁路邮政总局的副局长，不久又升为局长。后来，他还成了美国电话电报公司总经理。他的名字叫西奥多·韦尔。

任何一个在职场打拼的人，要想迅速在职场中得到加薪或者升职的机会，都应当像韦尔一样多为企业提供合理化的建议。要知道，公司的危机，其实也是我们自己的危机。如果我们仅仅把工作当作谋生的手段，或者仅仅把目光停留在工作本身，就算我们做的是自己感兴趣的事，也不能保持长久的工作热情，这样就很容易在工作中得过且过，难有大的作为。但是，如果我们把工作当作自己的事业，把公司的危机当作自己的危机，那么情况就会完全不同。

话说回来，为企业防患于未然，也是为自己的人生防患于未然。在这个现实的社会里，每个人的职业理想都必须通过工作来实现。但要如何实现呢？除了要努力工作之外，我们还要想尽办法保护公司。只有公司还在，我们才有实现自己梦想的可能。

某企业发展得非常快，而且很稳定。它之所以能如此稳定地向前发展有一个很重要的原因，那就是公司内部每一个员工都在积极地为企业提供合理化的建议。

该企业有一个名叫妮可的女孩，她的故事影响着企业中的每一个人。

妮可只是空调事业部的一个普通质检员。她在检验空调的时候，发现了一个问题，冷凝器上有油脂，在大批量检验完后，水便会混浊，一天要换好几次水，每次都用掉近10吨水，很浪费。

如果是其他空调公司的员工遇到这种情况，最多只是将问题向上级反映。但是细心的妮可发现这个问题后，并不是简单地上报给主管，而是动起脑筋来，开始想如何才能解决这一问题。

经过她的努力，她还真的想出了可以节约用水的好办法：根据不同大小的机型，水位不必要都一样高，有的可以调低一些，这样就可以节约很多水。她把这个建议上报给领导后，立刻就通过了。后来，妮可又向领导提了很多合理化的建议，大多数都被采用了。

对于这样积极提供合理化建议的员工，领导当然很赞赏。

空调事业部一厂的订单执行经理吴希红说："妮可是一个很不错的姑娘。她一发现问题就一直盯着，直到把问题解决！那股认真劲儿，让人看了高兴！"

如果每一家企业里都有很多像妮可这样的员工，不仅善于发现问题，而且自己还提出合理化解决方案，企业的效益哪能不加倍提升呢？自己的个人发展之路又怎么会不平坦呢？

作为企业的领导干部，我们要比员工想得更多，想得更长远。同样，我们也更有责任去寻找公司里的问题，然后提供合理的解决建议。记住，发现问题后，我们必须要提出解决的建议，除非这是一件特别紧急的事情。要知道，上司比我们忙得多，我们发现的问题，也许人家心里早就清清楚楚，只是由于各种原因，而无法解决这些问题。所以，作为领导干部的我们，要想到上司所想，发现不合理的地方后，还要努力找到解决办法。如果这一切你都做到了，那么就等于播下了成功的种子。

◎为了避免少出错，事先要按计划做事◎

要想少犯错，少给企业带来麻烦，就不能像无头苍蝇一样四处乱撞，必须要有计划。领导干部的主要工作就是作出决策，制订计划，并让下属执行他们工作的计划。只有按计划办事，才能让一切掌握在自己的手中。

人们常常将某人的成功归结于勤奋，将某人的失败归结于不够勤奋。这样的认识其实有些狭隘，因为现实中有些人比别人勤奋几倍，甚至几十倍，但是却没有取得多大的成就，而有些人只是比平常的人多努力一些，却取得了非凡的成就。

不可否认，勤奋是一个人走向成功的必备的品质。但是我们不能说，一个人只要勤奋了就一定能成功。之所以如此说，是因为这些人虽然勤奋，却没有强烈的大局意识，没有做到防患于未然。相反，那些取得巨大成就的人，通常具有大局意识，做事有计划，事事都在他的掌控当中。

我们知道，车子如果没有方向盘和刹车就会跑得越来越快，毁灭也会越来越快。一个人成功的因素中，勤奋仅仅是一种表面、浅显的东西，虽然必不可少，但并不是决定因素。一个人光有勤奋，但做事没有任何方向和计划，也是很难取得成功的，这种勤奋其实跟无头苍蝇四处乱撞没有什么区别。

企业也是如此，要想发展壮大，少遇到一些危机，就必须在大局下做好各种计划，绝对不能等到危机来了才临时抱佛脚。

领导干部是企业的主要力量，掌控着企业的各个局部，如果做事没有一点计划，想到哪就做到哪，势必会拖垮整个企业。

张宝光是某大型技术公司的业务部主管。这天早上，老板交给他一个重要项目，要求他务必协调各部门，必须在3天之内完成这个项目的筹备工作。得到这样重要的任务，张宝光很高兴，因为从这他能感觉到老板对他的信任。所以，他自信满满地开展了工作。

首先，张宝光需要调动监管部门提供项目作业中内容的监控数据；其次，还需要调动技术部提供技术支持并进行成本核算；最后，要调动人力资源部门委派3名员工协助实施。

除此之外，他还有其他很多工作要做，各种各样的事情压得他喘不过气来。于是，他把调动各部门的工作让下属陈凯去执行。但是没过多久，他就接到了来自三个部门的电话。

监管部询问："只要提供表单内容的数据就可以了是吗？有空您最好亲自过来，您的那位下属对这些不是很清楚。"张宝光一想，亲自去一趟就得耽误半天时间，眼看完不成了，就这样吧，一组数据而已。

技术部也说："这个方案有很多细节的地方，您还是抽个时间过来确认一下吧,不然我们只能按照自己的想法来处理了。"张宝光想，给老板有个交代是大事，细节应该没有什么大问题，于是再次回绝了对方的请求："没关系，你们就看着办吧。”

人力资源部问道：“最近我们也很忙，只能暂时给你们调两个人过去。”张宝光想都没想，就一口答应了，心想不差一个人。

张宝光看上去非常迫切地想完成任务，但没想到由于事先的种种疏忽，眼看快提交任务顿时出了乱子：数据不齐全，无法最终定夺价目；细节不符合客户标准，不予通过；如此一来，工作量骤增，而帮手却少了一个。

这时，张宝光才想到要亲自去各部门协调工作，确认议案，但对方却都以繁忙为由草草了事，以至于张宝光这个项目虽然按时提交了，却迟迟没有通过。对此，老板对他失望至极……

张宝光犯的错误，主要就是做事没有详细的计划，想到哪就做到哪。其实，既然是老板亲自交代的重要项目，而且还需要各个部门的配合，他就应该先处理这件事。他首先应该从全局出发，在接到项目之初就调配好各部门的工作，不应因“经验主义”而把属于自己的工作交给其他手下，把应该落实的工作一笔带过甚至完全忽略。

可见，企业的领导干部需要具备防患于未然的敏锐洞察力。为了减少工作中的错误，就一定要有详细的做事计划，一旦事情不在计划之内，就要想尽办法去控制事情的发展，尽可能化解潜在风险。可惜，有太多领导干部都未能体会到这一点。事前掩耳盗铃，事后亡羊补牢，总是等到决策失误造成了重大损失才力求弥补。

当然，我们也不能说，张宝光一点计划都没有，能坐到领导干部这个位置的人，做事不可能没有一点计划。但是，他却忽视了自己的计划必须在大局之下，必须在他的掌控之中。

企业管理好比射击，射击讲究射中靶，坐在领导干部的位置上，考虑问题的时候就要把自己的思想提升到老板的高度，从大局上去想问题。

领导干部做事情的时候一定要带有目标性，看得全面一些，长远一些。就好比游泳，要一边游一边看着前方，万万不能等到一头撞到墙壁才知道到了终点。

要想防患于未然，领导干部们必须要做到长计划、细步骤、精安排，这样才能真正做好管理工作。制订长远规划，是确定一个远大的发展目标。这个目标还要稍微订得高一些，这样才会让手下的员工有动力和压力，使他们的潜能得以充分地发挥出来。领导干部最好能将总目标具体化，并化解成小目标或阶段性目标，使大家每前进一步，都能体验到成功和胜利的喜悦。此外，我们还要全面系统地分析实现这些目标可能遇到哪些困难，如何才能克服这些困难，然后，依据上面的分析，制订具体的方案。我们所做的计划越细，自己对这件事的掌控力就会越强，遇到的危机也会越少。

◎重用德才兼备的下属，才能使企业健康发展◎

德才兼备，几乎是所有人评价人才的一项重要标准，因为二者中少了其中任何一个，都算不上理想的人才。有了好品行，又有一定的才能，方可称为优。

几乎所有领导人心里都很清楚，对于企业来说，没有任何东西比人才更重要的了。记得有一位哲人说：“只要给我人才，把我放到沙漠里面，我照样能够做出一番事业。”可以说，一切竞争说到底都是人才的竞争。现如今，人才是最重要的资本已经成为新的价值观。

那么是不是拥有了人才就一定能成功，成功后企业就不会有任何危机了呢？

答案无疑是否定的。因为如果给你工作的人的品性不好的话，就可能给公司带来不可预料的损失，甚至是致命的损失。所以，企业的领导人在寻找人才的时候，一定要从大局出发，全面地看待这个人。只有德才兼备的人，才可以得到重用，因为只有这些人，才是促进企业健康良好地向前发展的主要力量。

在这方面，清朝著名军事家曾国藩拥有一双善于识别德才兼备者的慧眼，经他之手，曾有不少栋梁之才涌现出来。他选才的思想与司马光一样：在德才之间，他更强调人的品德。曾国藩所谓的“德”，含义很广泛：忠诚、踏实、正直、勇敢等都属于有德。他强调要“于淳朴中选拔人才，才可以蒸蒸日上”，这里的“淳朴”就是指朴实、诚实等优秀品质。他认为：“德就是在政治上要忠于自己的信仰与事业，要能心甘情愿地为之竭尽全力；在作风上要质朴实在，能吃苦耐劳；在精神上要坚韧不拔，顽强不屈。”

正是在这种选才标准下，他提拔了后来成为台湾首任巡抚的刘铭传。

一个阳光明媚的下午，曾国藩的家中来了3个年轻人，他并没有立刻接见他们，而是让他们在大厅中等待，一直到黄昏时，曾国藩才露面。

原来，这3个年轻人是曾国藩的学生李鸿章向其举荐的，希望他们可以得到曾国藩的喜爱，做出一番事业。而曾国藩迟迟不肯相见，就是想考验他们一下。他一直在暗处观察他们的举动，发现三人各有不同：一个人四处观察屋内的摆设；一个人规规矩矩地坐在椅子上；一个人则站在门口，仰望天上的云朵。时间一长，前两个人开始露出不满的神色，而第三个人仍旧面色平静地欣赏美景。

看到这一切后，曾国藩走到大厅，和他们攀谈起来。几轮谈话下来，曾国藩又有了新的发现：四处观察屋内摆设的年轻人和他很有共同语言，讲起话来滔滔不绝，另外两个人则显得沉默寡言。但是，那个一直在门口欣赏美景的年轻人虽然话语不多，但常常语出惊人，见解独到，偶尔还会顶撞他。天色渐晚时，3个年轻人起身告辞。

他们离开后，曾国藩就对3个人作出了职位安排，结果让人很意外：他将顶撞自己的年轻人派去军前效力，让那个沉默寡言的年轻人去管理钱粮马草，而那个与他很谈得来的年轻人只是做了一个有名无权的小官。

众人对这个安排十分不解，有人问道："曾大人，您为何将与您最投机的人排斥在外，却让一个有些高傲的年轻人去军中任职，还让军中的大将重点培养他？"

曾国藩笑着说道："那个和我很谈得来的年轻人，在大厅等待的时候，就认真观察大厅的摆设，他与我说话的时候，我能感觉到他对很多东西根本不精通，只是投我所好而已。而且，在背后发牢骚发得最厉害的就是他，但见了我之后，他却最恭敬。由此可见，他是个表里不一的人，有才无德，不可委以重任。那个沉默寡言的年轻人，说话唯唯诺诺，没有魄力，但性格还算沉稳，至多可做刀笔吏。而那个顶撞我的年轻人，虽然在大厅里等待那么长的时间，却毫无怨言，还有心情观赏浮云，这份从容淡定就是少有的大将风度。而且，面对我这样的高官，他还能不卑不亢地说出自己的独到见解，可见品德高尚，是少有的人才，我当然要提拔他。"众人听后，连连点头称是。

受到曾国藩提拔的那个年轻人就是刘铭传，他与曾国藩的期望一样，在一系列征战中表现出色，迅速成为军中名将，还因战功显著被册封了爵位。年老之时，他还重跨战马，扬名中外。

识才、选才、用才，三者是相辅相成、一脉相连的。曾国藩慧眼识才，以德选人的故事是很值得现在的领导干部们深思和借鉴的。三国中的许攸是一个很有谋略的人，但他的人品却非常差，如果不是他向曹操告密，袁绍也不可能有官渡之战的惨败。一家企业要想少遇到一些麻烦，最好远离那些品德败坏的人，要知道一个人的能力越大，如果他的人品有问题的话，那么对企业造成的危害可能就会越大。

有一位企业家在一次电视采访中谈到自己的创业经历。

刚创业的时候，由于制度不完善，公司混乱不堪，就在这个时候，来了一位管理方面的人才，他帮公司建立的一些管理制度和经营策略，为公司提供了很大的帮助。当时，我对他很重视，但是很快公司就出现了一些问题，那就是一些老同事纷纷离职。经过深入了解，我才发现原来这位管理人才是办公室的政治高手，结党营私、欺压同事、阿谀奉承、争功诿过。

刚开始，我因为爱才，想留他在这里干一阵子再说，没想到不久公司的核心团队就向我摊牌，我把这位令自己又爱又恨的管理人才解雇后，公司才稳定了下来。

领导要有大局意识，必须时刻提醒自己："如果一个员工品德不行，那么他的能力越强，对企业的危害可能就越大。"下面这个事例就是最好的写照。

春节过后，张涛负责的部门新招聘了两名业务员，一个叫刘新，一个叫赵飞。按照公司规定，新员工要有两个月的试用期。很快，两个月过去了，在短短两个月内，刘新签单位居整个销售部第三名，为公司创造了可观的利润。为此，作为主管的张涛对他另眼相看，觉得这是个可塑之才，甚至在一次部门会议上表示，要提拔张涛做他的助理。

此后没几天，张涛收到了好几封匿名邮件，里面的内容意思相近，大致是说刘新这人的品质不太好，当助理不太合适，反而他们觉得赵飞不错。

张涛心想，销售部跟别的部门不一样，不需要太重视人的品行，只要这个人业绩突出就行了。于是，他果断地把刘新提拔为助理。没想到，升职后的刘新，狐狸尾巴渐渐露了出来。他狂妄自大，总是无事生非、挑拨离间，使员工之间矛盾重重，把一个好端端的部门弄得乱七八糟。他还暗地里拿客户的回扣，将一些商业机密透露出去，给公司造成了不小的损失。而一直没被张涛看好的赵飞呢，则一直脚踏实地地工作，爱岗敬业、乐于助人，尽管没有得到重用，却没有抱怨，依然努力做好自己的工作，不仅为企业创造了经济效益，也以优良品质得到了同事的尊重和客户的认可。

经历了这件事后，张涛深有感触地说："一个员工有德无才，最终会危害公司的利益。刘新出了问题，主要不是出在才上，而是出在德上；部门的员工对他不满意，也主要是对他的德不满意。所以，德才兼备、以德为先，应该是我们的首选用人标准。"

张涛用自己的经历为人们作出了警示：德才兼备、以德为先，应该是者选用人标准。

曾有这样一家企业，他们录用员工的时候，提出的第一个问题是其对老人是否孝顺。在他们看来，不孝则无德，而无德之人即便才华横溢，也不能被信任与录用。这就是选人先选德，他们为人才树立起了一杆品德的标尺，这是值得鼓励与倡导的。

意大利诗人但丁有句名言："一个知识不全的人可以用道德去弥补，而一个道德不全的人却难以用知识去弥补。"才能不出色，可以通过自身努力和他人的帮助而提高。但是品德低劣，却是很难改变的。所以，领导者要改变"有才即可"的选才观念，要用品德作为筛选人才的第一工具，这样，我们的团队才能少遇到一些困难。

◎随时了解下属的工作，别让小事变大事◎

作为领导干部，你有责任随时与下属沟通，了解他们的工作情况。

作为领导，我们希望员工都能够努力地工作，并且完美地完成任务。但是，事情常常不能如我们所愿。一件任务交代下去的时候，下面的人拍着胸脯保证一定很好地完成任务，可是最后的结果却很可能让我们非常生气。这样的事情出现多了，势必会影响公司的经营。其实，发生这样的事，多半与下属的责任意识不够强有直接关系，但也并不是说领导就没有一点责任。

作为领导干部，我们一定要随时了解下属的工作状况，因为你无法保证自己的部下全部是“天使”，或者曾经是“天使”的他们未必永远是“天使”。换句话说，曾经他能在这个岗位上干得很不错，但是并不能代表他能一直做得不错。所以，我们应该随时了解下属的工作状况。只有这样，才能避免一些不必要的麻烦，才能让工作顺利地开展。

某公司高薪招聘了一个年轻漂亮而且还是本科学历的女职员作为该公司的前台。前台的工作比较简单，主要就是负责接待来公司的客户与回答客户的来电咨询。每天，这位女职员只要给来电咨询的人们介绍一下公司的基本情况和主要产品就行了。女孩暗自庆幸，自己找到了一份稳定、轻松又待遇很好的工作。

可令人意外的是，公司决定辞退她。她很不服气，觉得自己没做错什么，于是找到部门经理质问。部门经理说：“客户们反映，我们公司接电话的那个小姐态度冷淡，对业务知识不熟悉，工作态度不认真。你知道吗，因为你的原因，公司差点丢掉一个大客户呢！”

这位女职员觉得很委屈，反驳道：“我怎么态度不认真了？我都是按照公司的规定去做的啊！”

部门经理回答说：“没错，你背熟了产品介绍，可你并不真正地理解它，遇到许多客户的提问，你就直接把他们推给销售部门。你与客户交谈时，确实使用了公司规定的礼貌用语，可你的口气中却让客户感受不到你一点的亲切和热情。”

如果部门经理没有及时了解这位女职员的工作状况的话，就不会发现她工作中的问题，那么肯定会给企业带来巨大的损失。所以说，领导干部该了解下属工作状况的时候必须要了解，不要做一个“甩手掌柜”。

此外，还有些下属犯了错误害怕承担责任，于是隐瞒事实真相，把一件很大的事情说成一件很小的事情，给领导一种错误的信息。如果领导对他的工作状况一点都不了解的话，很容易就会被对方蒙蔽，最后就会给企业带来巨大的损失。

由此说来，随时了解下属的工作情况，可以纠正错误、解决问题；还可以跟进部门下属的工作进度，督促下属。很多企业有不少杰出的人才，最后选择了离开，其实就是因为上级没有随时了解他们的工作状况。他们认为领导都很忙，根本没有时间照顾到他们，于是遇到了自己解决不了的困难，也没有及时请求上级帮忙，等到了交任务的时候，才把遇到的困难告诉上级，可是这个时候，一个很小的问题可能就会变成一个大的问题。

有一家杂志社的主编让下属去采访一位企业家，3天之内必须完成这个任务，可是这个下属却无法联系上这位企业家。结果两天过去了，工作没有任何进展，这位员工垂头丧气地对主编说：“我向很多人咨询，就是找不到那位企业家的联系方式。”

主编听后，大怒道：“这期杂志里必须要有这个企业家，过几天杂志就要印刷发行了。你找不到联系方式，你难道不能问我吗?”

“我见你不在单位，知道你在外忙得很，也就不敢麻烦你。”这位员工委屈地说道。

我们能把所有的责任全部都推到那位员工身上吗？这位员工可能在工作上有些失职，但是他对工作的态度却没有任何问题。其实主要责任还是在于那个主编不了解下属的工作情况。当给下属任务的时候，他就应该主动把企业家的联系方式给他，因为他不给下属，下属可能就会认为他根本就没有这位企业家的联系方式。还有，即使他忘记了给下属，到第二天的时候也应该询问下属遇到了什么困难，是否需要自己协助，等等。领导干部需要随时了解下属的工作状况，尤其是那些责任心不强，总是拖延的员工，领导就更需要知道他们的工作进展。不要让一件小事因为没有及时处理，变成了大事、急事，最后还成了影响大局的大事。

第七章 ╱ 如何做到主动应变

谁能在问题发生后及时解决问题，谁就能成为最后的“王者”。因此，领导干部应该具备主动应变的能力。要实现这一点，需要我们具备良好的心理素质，需要我们有面对问题的勇气和解决问题的魄力。

◎良好的心理素质是应对一切变数的关键◎

良好的心理素质，是一个人应对竞争、成就事业的重要保证。领导干部具备良好的心理素质，不仅仅是个人发展的需要，也是助推企业向前发展的动力。领导干部必须努力提升自身修养，培养良好的心理素质。

领导干部是企业里的中坚力量，甚至还可能是群体之首，各项工作均操纵于其手，系于其身。领导的感情变化绝对不是个人的事情，而是与全局和整体息息相关的，所以，作为领导干部，必须要有良好的心理素质。只有这样，才能在风云莫测的职场环境中带领团队顺利前进。

在古代有个贤明的国王，他身边有一位很了不起的宰相。让国王感到遗憾的是，这位宰相不到40岁就英年早逝，他需要选出另一位贤臣接任宰相的位置。

经过反复思考，国王心中已经有了两个候选人，一个是前任宰相的副手，另一个是内阁大臣，两个人年纪相当，都有优秀的能力和深厚的学识，该选择谁呢？他为此大伤脑筋。最后，国王想到了一个办法，他叫几个绝对忠诚的大臣分别告诉那两个人："恭喜大人，根据我的消息，国王明天就会任命你为宰相！"

听到消息后，副宰相想着多年的梦想终于要实现了，兴奋得一夜睡不着觉。另一位大臣却镇定自若，丝毫没把这个好消息放在心上，照常吃饭，照常睡觉。国王听到了这些大臣的汇报后，摇摇头说："听到能当宰相就睡不着觉，如此没有平常心的人，怎么能扛起一个国家的重担？"第二天，国王宣布由内阁大臣出任宰相。

副宰相缺少了沉得住气的良好心理素质，结果跟宰相的位置擦肩而过。

作为领导干部，没有良好的心理素质，就无法面对突然发生的危机。试想一下，一国宰相日理万机，今天遭遇粮食危机，明天面对外敌入侵，如果遇到事情连觉都睡不好，如何保持好的工作状态？

《儒林外史》中有个叫范进的人，这个范进考了多年的科举，终于在年老后成为举人，听到中举的消息后，他高兴得发了疯，最后还靠老丈人一个巴掌把他打醒。范进之所以会发疯，是因为他禁不住中举的狂喜。换言之，他的心理素质非常差，尽管最后实现了人生的梦想，但是却变得疯疯癫癫，他的这一生实在让人觉得悲哀。

其实，当事情突然发生变化的时候，手忙脚乱一阵子是一件无可厚非的事，但是拥有良好心理素质的人会很快地冷静下来，想出如何面对问题的办法。

在一家工厂里，一个技术员因另外一个技术员说了几句不好听的话而大为恼火，冒着大雨找到了厂长。厂长看到他如此急迫，以为发生了什么大事，可是当他听完这个技术员的话后，才知道原来他是被另一个技术员给讽刺了，所以才来找他评理。

厂长温和地对这位技术员说："年轻人，很多时候，我们无法控制别人的言行，即使我是厂长，也无法做到。既然事情已经发生了，那我就给你一个小小的建议？"

技术员点了点头，厂长继续用温和的口气对他说："别人的批评和侮辱，如果事实证明确实是他故意找事，那么是他品格有问题，你可以一笑而过，就好比你在大街上遇到一只对你不停叫的狗，你肯定不会对着它叫一样。因为你根本就没有把这件事放在心上。"

人生不可能一帆风顺，遇到一些烦恼、打击或者来自他人的批评是在所难免的，如果企业的领导干部没有良好的心理素质，就可能会让生活中的事情影响到工作，让小事情影响到大决策。

那么，领导干部该如何培养良好的心理素质呢？

其实，最主要的就是要有一颗淡定从容的心。淡定从容是一种生活态度，一种境界，更是一种强大的力量。说得简单点，淡定从容指的就是遇事不慌张，理智地看待问题。即使问题很糟糕、很复杂，也要对自己充满信心。

詹姆斯是一个很乐观的人，同样，他也是一个很倒霉的人。但他总是生活得很开心，因为他总能看到事情好的一面。每当有人问他最近生活得如何时，他都欢快地回答："我快乐无比。"为此，朋友们都很羡慕他的生活方式。

有一次，詹姆斯的朋友问他："做到你这样很难，一个人总会有悲伤的时候，不可能总是看到事物的正面。"

詹姆斯说："每天早晨，我一睁眼，就对自己说，你今天有两种选择，是选择心情愉快，还是选择心情不好。我当然要选择心情愉快了，怎么过都是一天，为什么不高高兴兴地过呢？这就好比发生不好的事情时，你可以选择去当一个悲哀的受伤者，同样可以选择从不幸当中学到些东西。其实人生就是选择，当你选择了以最好的方式来生活的时候，你才能生活得快乐。”

有一天，詹姆斯出事了，那是一个早晨，他看到三个持枪的强盗从邻居家里慌慌张张地出来，强盗们发现了他，其中一人由于紧张还对着詹姆斯开了一枪。万幸的是，詹姆斯因为抢救及时，再加上家人对他几周的精心照料，居然从医院里走了出来，但是仍有小部分弹片留在了他的体内。

朋友们问他，感觉怎么样，他依然回答：“我感到快乐无比。”并问朋友要不要看看他的伤疤。

朋友看了看他的伤疤，然后问他中枪后当时在想什么。詹姆斯答道：“当时我躺在地上，我知道自己面临着两个选择：一个是死，一个是活。我理所当然地选择了活。”

朋友问：“你当时不害怕吗?”

“医护人员太好了，他们不断地告诉我，我会好起来的。但在他们把我推进急诊室后，我看到他们流露出了‘他是个死人’的眼神。我知道，我需要采取一些行动了。”

“那你采取了什么行动呢?”詹姆斯的朋友问。

詹姆斯说：“有个美丽的女护士问我对什么东西过敏，我马上回答：‘有!’这时，所有的医生和护士都停下来，等我继续说下去。我深深地吸了一口气，然后大声对他们说：‘子弹!’在医护人员的一片笑声中，我又接着说道：‘我现在活着，不要把我当成死人来医。’”詹姆斯就这样活了下来。

詹姆斯能活下来，主要就是因为他有一颗淡定从容的心，越没有希望，他反而对自己越有信心。很多人在想如何才能让自己心智更成熟一点，其实心智成熟最好的体现就是在遇到苦难的时候，往好处想，不让坏心情影响到自己。在工作中任何人都会遇到很多问题，尤其是领导干部，但是无论问题以什么样的方式出现，我们都需要用一颗淡定从容的心去面对。

◎建立有效的危机处理机制，才不至于临时抱佛脚◎

优秀的领导干部，不仅需要拥有危机意识，还要建立处理危机的机制。

问题发生了，有些企业能迅速地处理，结果因为及时处理，没有让企业造成什么大的损失。但有些企业问题发生了，却不能做到及时处理，结果错过了最佳处理的时机，让企业遭受到巨大损失，甚至是灭顶之灾。为什么有的企业总是能迅速地处理问题，有的却不能呢？其实，主要原因在于它们是否建立有效的处理问题的机制。

因此，要想从容面对危机，要想承受住危机的考验，企业一定要建立完善的危机应对机制。只有这样，才能把危机降低到最小限度。对企业来说，最理想的状态是危机发生后，企业的危机管理机制能够及时地发挥作用。

美国纽约州约翰逊药品公司因成功处理泰诺药片中毒事件而赢得了公众和舆论的广泛同情，在危机管理历史上被传为佳话。

1982年9月30日这天，对很多人来说，是普通得不能再普通的日子。但是对约翰逊药品公司来说却是一个灾难的开始。就在这一天，犯罪分子在美国纽约州约翰逊药品公司的泰利诺胶囊里放进氰化物，以至于一夜之间，在芝加哥地区就有7人中毒而死。

这次死亡事件造成了人们对药品的恐慌，而且还不是局部影响，它还直接影响到了约翰逊药品公司的药品在美国各地的销售。如果不好好处理这件事的话，苦心经营了40年的约翰逊公司很可能会因这次危机而关门大吉。

那么约翰逊公司是怎么做的呢？他们在得知芝加哥地区发生药物中毒事件后，马上追回了31个州的全部药品，并立即销毁；发出了45万封电报请各医疗单位提高警惕；设立了专用电话线，并通知新闻单位，请世界健康组织向各地药品供应商通知，以保护泰利诺的海外市场。从9月30日事件发生，到10月上旬，胶囊生产全部停止，几天之内约翰逊公司损失就高达10万美元。

11月初，凶手落网了。政府也证明约翰逊药品公司的药品质量是没有问题的。但是约翰逊药品公司仍然小心翼翼地处理与此相关的事情。

11月中旬的时候，公司开始将产品投放市场，他们不回避各方的责难，总裁亲自出面举办了一个面对三十多个城市、五百多名记者的会议，诚恳的解释和道歉赢得了民众的理解。然后，公司通过报纸发了大约800万张面值25美元的折扣优惠券。

对于约翰逊药品公司的此次危机处理事件，哈佛大学商学院的市场学教授格瑟表示：“这是市场学里看到最成功的危机处理案例。”约翰逊药品公司的危机处理是成功的，体现了该公司领导高层的高超的全局掌控力，但令人遗憾的是，有很多企业因为没有处理好危机，直接走向破产。

◎问题发生了，就勇敢地面对◎

人的一生，总是在困难、危机中成长。是福不是祸，是祸躲不过，该来的总会来。当企业面临危机的时候，领导干部“伸头是一刀，缩头也是一刀”，还不如勇敢面对。不要畏惧，不要害怕冒风险，才有可能解决危机。

每当风沙来临的时候，鸵鸟便会把自己的头埋进沙子里。你也许会很奇怪，问题出现了，鸵鸟把头钻进沙子里，难道问题就会如它期望的那样消失或者改变吗？问题当然不会消失或改变，但是现实中很多人却会选择这样做，其中包括某些企业的领导干部。

有一位记者采访了一家以销售收音机为主的电器公司的销售经理。之所以会采访他，是因为这段时间由于受到录音机等新型产品的冲击，许多公司产品的销售量下降得很厉害，甚至有不少公司因为产品卖不出去，而造成产品积压。

但是，经过这位销售经理的努力，这家公司在短暂的销售下滑之后，很快恢复了过来，甚至还有一定幅度的提升。有人说，这真的算是该行业的一个奇迹了。

记者问这位销售经理：“听说，刚开始的时候，你们公司的销售量也下跌得很厉害。”

“是的，那个月我们公司根本就没有什么业绩，我马上就召开了会议，会议一开始，销售员们就开始说一大堆业绩下降的原因，我知道他们在诉苦，其实我很理解他们。”

记者继续问道："那你采取了什么措施呢?"

他笑着回答："其实，我也没采取什么措施，我只说：'原来这样啊！看来，大家是没有什么责任了。'接着，我有点愤怒地说：'你们是要我带领着你们去提高业绩吗?'就在这个时候，有个员工就站了起来，说是他的错，他没有尽到自己的责任。我就对着所有的销售员说：'看到有人敢站出来，坦率地承认自己的错误，我很高兴。我相信，如果在座的各位都能认识到自己的责任，回到自己的销售地区，并保证在以后30天内，每人卖出50台收音机，那么本公司就再也不会发生什么财务危机了。你们愿意这样做吗?'我一说完，一个个员工就站了起来，纷纷表示'愿意'。后来他们果然办到了，而且他们再也没有拿行业遭遇瓶颈、经济不景气、资金缺少等无谓的解释来当作他们推卸责任的借口。"

一场场销售危机的解决，当然不可能像销售经理说的那么轻松，他开完会之后，就积极带领下属们进行销售活动了。

问题发生了，就想尽办法给自己寻找借口，这绝对不是一个顾全大局的领导干部该有的表现。问题出现了，敢于承认自己的错误很重要，但更重要的是积极地寻找解决问题的办法。现在很多人一旦遇到问题，不是积极寻找解决的办法，而是退缩或者不断地逃避。

作为企业的领导干部，无论什么事都要比别人想得多、做得多。当上司有问题时，会要求你去解决；下属有困难，还会要你去面对。不管怎么样，你都必须明白，你所在的这个位置就是为了给你所在的企业解决问题的。

要知道，解决了问题，你才能推进工作；解决了问题，你才能创造效益。问题出现了，你绝对不能逃避。要知道，作为领头的自己都逃避了，下面的人就更不可能解决问题了。

其实，很多问题，当我们勇敢地面对后，它就不再是问题。任何人都不可能一帆风顺，问题发生了，作为企业领导干部，绝对不能找借口。没有解决问题的经验，那就向有经验的人请教，只要多请教，多收集各方面的建议，认真分析，总能找到解决问题的办法。

格兰特是美国历史上最杰出的将领之一，他的英雄事迹在美国影响甚大，而且格兰特还受到了全美国人民深深的爱戴。

格兰特能取得如此大的成就，其实没有什么诀窍，他只是比别人更加敢于面对问题。他不但不惧怕有困难的任务，而且还非常喜欢挑战有困难的任务。

当年攻击亨利要塞和多纳尔森要塞时，北方联军的将军都认为，这两个要塞防守顽强，守卫森严，工事坚不可摧，贸然去攻击它们无异于自取灭亡。

很显然，北方联军遇到了一个大麻烦。但是格兰特在人人不敢去碰这个大麻烦的时候，却主动向林肯总统请缨，攻打这两个要塞。当时很多人都认为他疯了，如果他失败的话，就可能被免职，甚至上军事法庭。

但他却坚决这样做。他的勇气和自信让林肯很是欣赏，并同意了他的请求。格兰特突发奇想，第一次使用铁甲舰配合水陆两栖进攻，在很短的时间里，以最小的伤亡代价攻下了众人认为无法攻克的亨利要塞和多纳尔森要塞。不久，格兰特被升任为北方联军的总司令，为美国南北战争中北方获胜立下了汗马功劳，获得丰硕的政治资本。

在问题面前，绝对不能畏首畏尾，相反，愈是在危急关头，我们愈应该勇于挑战，敢作敢为。一个保守安分的员工或许能够成为一个合格的员工，但是他在老板的心目中永远都不会成为最出色的那一个，老板需要顾全大局、敢于迎接困难的员工。企业的竞争是激烈的，一个公司需要那些敢闯敢拼的领导干部，他们能够带动公司前进，如果公司中的所有员工都裹足不前，那么整个公司就无法实现持续发展。

◎敢于道歉，才不会错过问题修正的机会◎

掩饰错误，只会错过了修正问题的机会。如果一个领导干部染上这种陋习，那么，他的管理系统就会不时地出现漏洞，直至全面崩溃，无法正常运行。所以，一个称职的领导干部，在发现自己错了之后，一定要勇敢地向下属道歉。

你会向下属说“对不起”吗？

什么？领导向下属道歉？下属做错了向领导道歉还差不多，岂有领导向下属道歉之理？

相信不少人在看到这个问题时，都会产生上述中的想法。的确，职场中，下属犯错后，大都会马上向领导承认错误，请求原谅。但是反过来，当领导犯错时，却不见得能作出同样的道歉行为。

某权威网站曾以“你向下属说过对不起吗”为题进行了一项调查，结果显示，60%以上的领导从没有为自己的错误行为向下属道过歉。

一位网友说道：“5个月前，我们部门换了个新经理，真不知道他是对部门情况不熟悉，还是业务能力差，自从他上任之后，无论是开会、布置工作还是策划新方案时，他总是频频出现失误。刚开始，我们觉得他刚刚上任，可能是不熟悉部门的业务，但是，眼看着小半年过去了，这个经理还是老样子，屡屡犯错，而且他从不为自己的错误感到抱歉。有一次，我们加了一个星期的班，做了一个很不错的项目方案，但在最后关头，他却将一个数据弄错了，客户极其不满，没有签合同，我们的心血全白费了。但事后，他就像什么也没发生过似的，一句道歉的话都没有。在这样的头儿手底下干活，真是憋屈。”

是呀，的确憋屈，看完这段话，我们也对这位网友深感同情。当然，我们更应该看到的是其中所体现的下属对于领导的要求和期望。所以，请尽量做一个不犯错误，至少是少犯错误的领导，对于自己的错误行为和错误指令，发觉后要真诚地向下属表示道歉。

向下属承认自己的错误，这体现出了领导干部的责任意识。在这样的领导下面工作，员工也有安全感。其实，现代职场中，很多领导干部并不是意识不到自己犯错，只是羞于承认，觉得“跌份儿”。一家 IT 网站的策划部经理就曾表示：“有时，我虽然认识到自己的错误，却不知该如何向下属说明情况，我很担心，我向下属道歉后，他们会在心里嘲笑我，我的权威就没了，以后就没有办法管理他们。”

事实上，这种担心是没有必要的。据调查，97％的职场中人认为道歉和职位高低无关，无论采取哪种方式，当面道歉或是私下道歉，只要勇敢地承认错误就是好领导。

凭借直销方式，戴尔在个人计算机行业掀起了一场革命。因为对这一模式的应用自如，戴尔不但降低了公司的经营成本，而且赢得了极高的顾客满意度，这让他的公司遥遥领先于竞争对手，曾荣登全球电脑市场占有率第一的宝座，成为世界领先的电脑系统厂商。而戴尔本人也荣获《首席执行官》杂志评选的“2001年度首席执行官”。

戴尔取得了很多杰出的成就，但是，他从不摆架子，与员工讲话时也不装腔作势。员工可以对任何问题提出质疑，甚至直接向他发难。当他犯了错误时，他会在第一时间内向员工承认错误。他说："管理人员必须勇敢地承认错误，坦然面对错误，我的原则就是：不找借口，承认错误。"

其实，领导承认自己的错误并不是坏事，这不会影响自己的权威，也不会让下属看不起自己。相反，下属会更加尊敬这样的领导，他们会觉得领导承担了他们应该承担的责任，非常有勇气。

同时，领导主动认错的做法会让下属和他更加亲近，他们会这样想："领导非常信任我们，所以，他不在乎在我们面前暴露自己的缺点。"抱有这样的想法，下属就不会对领导设防，忠诚度会很高。

所以，领导犯了错误，要勇敢地向下属认错。这样才不会让事情往更为不利的方向发展。

实际上，主动承认自己的错误，不仅是一种优良的品质，同时也是一个领导显露自身涵养的好机会，更是大智大勇者才能作出的行为。职场中，敢于承认错误是成为优秀领导干部的必备品质。

身为领导，勇于承认错误是勇敢、诚实的表现，不但可以消除上下级的隔阂，创造融洽的工作氛围，而且可以提高自身的威望和信用，有助于更好地管理下属。但是，道歉并不是说一句对不起那么简单，也是需要方法的。一般来说，领导向下属承认错误时，要注意以下两点。

1. 道歉一定要及时

道歉也是有时间限制的，及时与否，得到的效果往往会大相径庭。如果因为某些原因，领导干部不能及时向下属道歉，也不能将时间延迟得太久，最晚不要超过 3 天。因为时间太长，下属心中的积怨就会变深，领导的道歉效力会大打折扣。但及时道歉也要分时机，如果双方都在气头上，马上道歉就很不合适。管理者要在冷静过后的第一时间道歉，才能让道歉发挥最好的效果。

2. 道歉时态度很重要

态度决定道歉效果，即使只是说“对不起”三个字，也要用真诚的态度。如果一个管理者端着架子，摆出居高临下的样子，用冰冷的语气说对不起，那么，下属就会认为他装腔作势，非但不会接受道歉，反而会因此更加厌恶他。

◎沉着冷静，心急解决不了问题◎

无论发生什么事情，都要沉着冷静，不要着急，因为着急是解决不了任何问题的，反而会让问题向不好的方向发展。

苏洵在《心术》一文中就说道：“为将之道，当先治心，泰山崩于前而色不变，麋鹿兴于左而目不瞬。然后可以制利害，可以待敌。”一个遇事就慌并且很长时间不能冷静下来的领导显然是不可能做到顾全大局的。领导必须要做到从容镇定，冷静地面对一切。

有的领导干部平时处事灵活、果断，但一遇到大的问题的时候就茫然惶恐，手足无措，跟换了一个人似的，结果不仅与胜利无缘，也暴露出自身的不成熟。他们好比水鸭，只会在晴朗之日的河边嬉戏啄饵，一旦气候有变，就不知所措，甚至被河水吞噬。领导干部必须有遇到问题后马上冷静下来的本事，只有先冷静下来，才有可能想出解决问题的办法。

1994 年，可口可乐公司总部接到一位美国妇女的投诉电话，她在电话里怒气冲冲地说道：“你们的可口可乐简直就是杀人的武器，如果你们不能给我一个信服的解释，我会向联邦法院起诉你们，并将这件事向媒体公布!”

可口可乐公司的领导如丈二和尚摸不着头脑：可口可乐里面怎么会有杀人的武器呢？原来，这位妇女在科罗拉多州的一个名为布瑞英克的小镇的零售店里买的可口可乐中发现了一支别针。可口可乐里面怎么会有别针呢？可口可乐的高层怎么想也想不明白，但是，他们却对这件事非常重视。他们非常清楚，这件事如果闹大了，对公司有多大的影响。所以，可口可乐的高层马上成立了一个危机处理临时调查小组，连夜奔赴出事地点。

调查组根据那位妇女的介绍，找到零售店，又顺藤摸瓜地找到批发商，最后确定这瓶内有别针的可口可乐是由位于科罗拉多州乔治城的可口可乐分厂生产的。为了尽快给顾客一个信服的说法，调查组带着那位妇女对这家分厂进行了突击检查，结果发现这家工厂生产条件极佳，干净卫生，工人也极为负责，根本不可能将别针放进可乐里。

问题出在哪里呢?

显然是查不出来了。调查组真诚地向那位妇女道歉，请她原谅，并且说：“您看，我们生产的机器都是一流的，工作纪律也非常严格，尤其是各位员工对顾客绝对负责，发生这样的事情肯定是个意外。请您相信，我们会进一步加强管理，保证类似的事情绝不会发生。作为对您所受的惊吓的补偿，我们将赔偿您1万美元的精神损失费。同时，为了感谢您对可口可乐的信任，我们将邀请您到可口可乐公司总部免费参观旅游。如果您对我们还有什么不满意的地方，请您尽管说，我们一定竭力满足。”

那位妇女没有想到自己愤怒之下打了这么一个投诉电话，会引起可口可乐公司如此重视。她对对方处理问题的态度和处理的结果非常满意，最后高高兴兴地去可口可乐公司总部参观去了。

一个突然的危机，就这样被可口可乐轻易地解决了，这个故事告诉我们一个道理：如果领导干部能够以冷静、理智对待突发的事件，坦然处之，不慌不乱，即使陷于可怕境地，也能反败为胜。领导干部要做到，在想发脾气的时候却不发脾气，喜怒哀乐要服从大局的需要，这是领导干部应有的特殊的职业素养。

很多事情，当我们冷静下来，认真地思考，就会发现曾经横在我们心间的那些事根本就不算什么事。作为一个领导者，心智一定要成熟一些，要明白，有些事情真的没有必要争吵或恐慌，冷静下来好好地思考一番，用微笑去面对，一切烦恼都会烟消云散。无论如何，领导干部都需要用一颗淡然冷静的心来面对职场中遇到的各种问题，这是对自己的人生负责，也是对你的企业负责。

第八章 ╱ 如何做到开拓创新

企业要想发展，创新是根本。创新关系着大局，要想创新，领导干部需要做到积极地接受新事物、勇于尝试、打破常规、不忽视细节。与此同时，还要激发下属开拓创新的积极性。

◎保持好奇心，积极接纳新事物◎

领导干部要尽量追求进步，企业方可进步。如今世界变化万千，今天一个样，明天另一个样，要想让自己的产品始终受到人们的欢迎，就必须要有上进心。而你上进心的最好的体现方式就是对周围的世界充满好奇，对新事物保持积极接纳的态度。

世界在不停地变，市场也在不停地变，作为企业的领导干部，如果没有很强的超前意识，那么至少要及时地保持对新事物的接纳，这样才容易产生奇思妙想并设计出新产品来。

海德·道格拉斯是美国奥什康什公司的总裁，他创业成功的原因主要是靠他迅速接受新事物。在1895年到20世纪70年代将近八十多年的时间里，他的公司主要生产围裙，这种产品在当时非常适合需要穿着围裙耕地、挤奶、喂猪的美国农民的需要。

不过，随着农业现代化水平的提高，农民大多改用机械化作业了。

海德·道格拉斯敏锐地察觉到了市场的变化。因此，他在一次高层会议上说：“现在社会环境已经改变了。我们不应再以5年前的眼光看待问题，而应该认真地分析市场变化，详细地做好发展计划，并准确无误地实施它。”

在海德·道格拉斯的带领下，奥什康什公司很快就发现了小孩穿的工装裤这个产品潜藏着很大的商机。为了证实自己的想法，他果断地作出决策，给儿童用品零售商寄发了直销邮件。零售商试销后，反应很不错，于是订单便如雪片般飞来。从此，道格拉斯把市场的重心放到了努力拓展童装市场上，并且很快打开了新局面。

到了20世纪80年代，道格拉斯知道这个时代的人们对童装的要求越来越高。于是，他为公司制定了新的战略定位——以生产做工精细、时髦漂亮的高档童装为主打方向。这一战略调整使公司的效益实现了一次重大的飞跃，公司的规模也不断扩大，终于成了一家世界级的大公司。

到了20世纪90年代，海德·道格拉斯又发现沃马特、克马特、塔甘等大企业占据了童衣纽扣市场一半的份额。为了企业的长远发展，他毅然决定进军童装纽扣市场，这一措施有力地维持了奥什康什公司的市场地位，保证了公司的长远发展。

企业要想生存，就必须积极适应社会的发展，紧随时代的步伐。企业的领导干部，尤其是领导者，要对新事物保持积极的接纳态度。世界每天都在变，如果我们能接受新事物，发现新商机，并且迅速地调整自己，跟着世界变，那么我们所生产的商品就能比别人更快地受到市场的欢迎。

其实，创新并不是说我们的东西必须要跟别人的不一样，有时候，敢于接受新事物，把新的元素加入到原来的产品当中，也算得上是一种创新。领导干部在完成自己的工作任务时，应该主动去接受新事物，要知道，创新其实就是一种对新思想、变化、风险乃至失败都抱一种欢迎态度的行为方式。中国有句老话，不进则退。不求上进的人势必要被后来者超越，一家企业的领导者如果不求上进，也势必会影响到企业的发展。

一位年轻有为的炮兵军官上任后，到下属部队视察操练情况，他在几个部队发现了相同的情况：在每组的操练中，总有一名士兵自始至终站在大炮的炮管下面，纹丝不动。军官不解，询问原因，得到的答案是：操练条例就是这样要求的。

军官回去后反复查阅了军事文献，终于发现长期以来，炮兵的操练条例仍因循非机械化时代的规则。在过去，站在炮管下的士兵的任务是负责拉住马的缰绳，大炮是由马车运载到前线的，以便在大炮发射后调整由于后坐力产生的距离偏差，减少再次瞄准所需的时间。现在大炮的自动化和机械化程度很高，已经不再需要这样一个角色了，但操练条例没有及时调整，因此才出现了“不拉马的士兵”。

最后，军官的这一发现使他获得了国防部的嘉奖。

这就是管理界流传很久的“不拉马的士兵”的故事，它告诉了我们一个道理：企业的领导干部应该有一根敏感的神经，应对外部环境的变化非常敏感，能较早地发现对组织有利的和不利的东西。现代商业社会，群雄竞起，面对激烈的竞争，领导干部要有所作为，必须要有独到的眼光和勇于接纳新事物的心，这样才能推动企业发展，最后，我们自身才能有所发展。

◎勇于尝试，才能让企业更成功◎

领导干部是企业发展的中坚力量，其所作所为对整个公司的发展有着很大的影响。所以，要想做到开拓创新，领导干部首先要起带头作用，只有自己敢于尝试了，下属们才敢去做。

这个世界上有太多思想的巨人，行动的矮子。好的想法就像种子，不去培育它，它就只能保持最初的样貌，毫无进展，只有立即行动，它才会从幼苗长成参天大树。当然，幼苗在成长的过程中免不了要遭遇凄风冷雨的摧残，但这些都是必需的。为了大局，大胆尝试，努力去做，最终总会有所收获。

十多年前，一个一无所有的年轻人来到美国犹他州的盐湖城，在一家超市找到了一份工作。他工作非常努力，生活非常节俭，他的朋友们都对他的良好习惯赞不绝口。

然而，这个年轻人在这里工作了3年后的一天，突然辞职了，即使老板愿意给他加薪或者升职他也毅然要走。走后，他取出了全部积蓄，一共四千多美元，在纽约的汽车展销处买了一辆新车。当时，汽车还属于很不实用的奢侈品。他所做的这一切，在所有人的眼里，简直就是疯了，有一些人嘲讽他简直就是个笨蛋。更令别人不理解的是，他把车开回家后，立即就把它拆卸了，在将那些零件认真研究一番之后，又将其组装好。

此后的很长一段时间，他反复地拆了装，装了拆。当时，没有人能理解他在做什么，只是觉得他是一个不折不扣的傻瓜。直到很多年后，那些嘲笑他的人们开始闭上了嘴巴，因为这个年轻人创建了一家汽车公司，并且不久后，还成了当时美国汽车工业的领头人。这个年轻人就是美国克莱斯勒汽车公司的创始人沃尔特·珀西·克莱斯勒。

人们经常这样说："成功始于想法。"但克莱斯勒用他的故事告诉了我们：一个人的成功关键在于尝试。敢于尝试就是顾全大局的一种体现，只有大胆地尝试，理想才能变成现实；只有在不断地尝试中，才能一步一步地走近成功；只有通过艰难的尝试，才会看到事情的结果。一个领导干部要让自己在竞争中永远保持优势，那就需要不断地尝试。

发明大王爱迪生在研究什么样的材料才适合做电灯的灯丝时，尝试了1600多种，均告失败。有人劝他"放弃吧！"也有人嘲笑他说："你永远不会成功。"但他仍然不为所动，永不放弃废寝忘食地进行研究。终于，他找到了适合做电灯灯丝的材料，最后研制出了电灯，给世界带来了光明。

在爱迪生众多的发明之中，遇到困难最多、耗费时间最长的要算是蓄电池了。他一共花费了15年的时间才研制成功，在这个试验中共失败了五万多次。当所有人都灰心丧气时，他却乐观地说："我不相信自然是无情的，它一定不会永远深藏着蓄电池的秘密。"终于，他成功了！他的蓄电池被用于火车、轮船上，成为发电厂的电力，甚至直到今天人们还在使用这种蓄电池。而蓄电池之所以能够成功，就在于爱迪生永不放弃的精神。他一生坚持研究，创造了一系列使后人受益匪浅的发明。他的名字熠熠生辉地烙印在史册上，经岁月流洗而不褪色，盛名流传至今。

是敢于尝试和永不放弃，让克莱斯勒和爱迪生的一生大放异彩。

作为领导干部，一定要像他们一样敢于尝试。要知道，我们的工作每天都会遇到很多从未尝试过的，甚至从未想到过的事情，此时没有现成的工作模式可循，也没有现成的经验可照搬，在未知的工作领域或让人茫然的突发事件中只有依靠大胆尝试来摸索前进。

◎鼓励创新，需允许失败◎

一家企业如果要求创新就必须要成功，那么这个企业肯定没有人真正地创新，因为谁也不敢保证最后能成功。有时候，不是员工不想负责，而是责任太重，压得他们不敢尝试。要想创新，就要允许失败。

世界是不断发展变化的，企业要想有所发展，就必须跟随着社会的脚步，而要做到这一点，就必须不断地创新、变革来适应社会的变化和需求。领导干部也是一样，如果不能主动求变，持续地变化，必然会被世界的变化大潮所淹没，在竞争中出局。

在现实中我们发现了一个问题，就是领导干部，尤其是企业的领导人天天开会说创新，但是手下的员工却没有行动的意思，其中主要原因就是员工们担心创新失败，要承担责任。人家平时工作好好的，现在你鼓励人家创新，可是创新失败后，这个责任谁来承担呢？毕竟创新并不是一件容易的事情，在创新的过程中遇到失败是在所难免的。

因此，企业领导干部要想提高企业的创新能力，那么就必须允许大家在创新的过程中失败。如果领导干部不能容忍这种合理的错误，就永远不能形成良好的创新氛围，得到善于创新的人才。领导干部必须要有大局意识，看问题看得全面一些，长远一些；要有持续的创新精神，还要鼓励大家一起创新，并且在创新的时候允许失败和犯错。

筑波科技城是日本的硅谷，它建成至今已经有二十多年了。每年，日本人都把最好的大学生送到这里来，但是一直没有取得什么出色的成绩，主要原因就是企业不能容忍员工失败。

美国企业却与之相反，大多美国企业的领导者都知道要想让员工敢于创新，就要先让创新者打消害怕失败遭受惩罚的念头。这些领导者深明这样的道理：要想进行卓有成效的创新，就得进行不同形式的尝试，并在尝试中保留正确的东西，摒弃那些无效的东西。所以，要进行创新，首先必须建立起“失败后还有明天”的思维，创造更加自由宽松的人文环境，让“接受失败，容忍失败”成为一种普遍认同的文化。

有这样一家典型的美国企业，它的总裁对员工宣扬这样的观点：“你们放手去做自己认为对的事情，即使犯了错误，也可以从中得到经验教训，不再犯同样的错误。”在总裁鼓励下，企业的所有员工放心大胆地去探索、实验、发挥创意，为企业做出了很多贡献。

这位总裁经常这样鼓励下属，他说：“如果你们只知道执行上司认为对的事情，那么你们永远不能取得进步，企业也不能取得进步。”他要求公司的每一个主管必须鼓励和培养员工的创造力和毅力。总裁还说：“年轻人大脑里总会出现很多创意，作为领导不应该只懂得向他们填塞那些现有的观念，这样可能会扼杀不少本来很好的创意。”

总裁还认为，领导不能把员工的职责范围定得太细、太清楚，这样既不聪明，也没有必要。只有领导者把所有员工视为一家人，让大家都有大局意识，他们才能真正地为企业这个大家庭努力奋斗。在他的公司，是不允许随便责罚犯了错误的员工的，解决问题的关键是找出犯错的原因，而不是惩罚犯错误的人。

公司的一位领导曾经对总裁抱怨说：“公司里有时出现了问题，我都找不到该负责任的员工。”

总裁说：“那就对了，如果真的找出那位员工可能就会影响到其他员工。每个人都有可能会犯错，谁也不敢保证自己永远正确，我也不例外。谁也免不了犯错误，尤其是在创新过程中更是如此，但是从长远来看，这些错误也不至于动摇整个公司。错误也许不可原谅，但是，如果他真心为企业，那么是可以原谅的。一个员工因犯错误而被剥夺升迁机会，他也许就此一蹶不振，也会影响到其他人为企业做出贡献。假使犯错误的原因找出来了，并公之于众，那么无论是犯错误还是没犯错误的人，都会牢记在心的。”

如果一家企业总是担心创新会失败，谁失败，谁就要负责，那么企业里肯定不会有多少人敢真正地创新，最后企业一定会丧失竞争力。一个拥有大局意识的领导干部要主动打消员工的这种顾虑，允许他们犯错和失败。要知道，这个世界就是如此，很多东西是无法预料的，失败和错误更是创新过程中的有机组成部分。如果没有那些失败的体验，就不可能获得创新的成功，这是颠扑不破的真理。

领导者要想得到正确的东西，就要在不断失败的尝试中寻找，就像那句名言：“为了发现王子，你必须与无数个青蛙接吻。”吻到青蛙并不是坏事，最糟糕的事情是员工不敢有任何创新行动。

因此，企业只有建立一种鼓励创新，允许失败的企业文化，员工才会积极主动地进行创新，全体成员都参加到创新工作中来。事实上，真正成功的新构思背后是成千上万个失败的创意，但是这种失败对企业并非有害，实际上失败和死胡同可能正是下一轮创新的发力点。

◎创新可以从模仿开始◎

创新并不是让你一定要创造出与别人完全不一样的东西，你只要创造出与别人有所不同的东西就行了。

在企业发展过程中，如何选对一条有发展前途的路极为关键。这个时候，有人就会说，那就创新吧！但是又有一个问题出现了，创新的成本很高，这还不是最关键的问题，最关键的是，很多时候用了大量的时间和资金创造出的新产品，却得不到市场的欢迎。

那么我们该怎么办呢？

在模仿的基础上有所创新也许是最好的办法。尤其是对于中小型企业来说，这是一个比较好的选择，因为“模仿”的最大好处就是可以避免许多不必要的风险。如果你在模仿的基础上有所创新，做出超越别人的产品，那么你就有很大的可能获得成功。

有一家规模很大的软件公司，公司的员工只能算是当今的二流人才，但是他们却能为企业创造出比那些一流人才还要多的利润。那么他们是如何做到的呢？其实，他们每天都认真地观察他们的竞争对手。当他们的竞争对手研究出一项成果后，他们就马上把人家的产品研究透彻，然后在此基础上不断地创新。

谈到创新，很多人会认为捣鼓出一个别人没想过、没见过、没碰过的玩意儿就叫创新。如果这样解释创新的话，就会把创新置于高山之巅，试问有几个创业者能够登临绝顶呢？

有些企业的很多产品都是模仿外国的，结果他们成功了。而那些天天想着如何折腾出一个谁都不认识的新玩意儿的人却穷困潦倒。领导干部看东西，不能只看到一个面。许多创新未必是无中生有，更多的是在模仿的基础上加入自己独特的元素，从而将原本他人的东西变成自己的东西。

说到底，创新是可以从模仿开始的，只要你在模仿的基础上多动点脑筋，你就有很大的可能获得成功。

20世纪90年代中期，中国餐饮企业看到麦当劳、肯德基等快餐连锁店利润高、发展快，便一拥而上，开始研究和模仿。有不少企业在经历了短暂的辉煌之后，以失败告终。他们之所以会失败，是因为他们只看到表面上的麦当劳与肯德基，认为只要拥有一些简单的产品再加上无限的复制，就等于滚滚不断的财源。然而，麦当劳与肯德基那表面之下隐藏着的却是标准化的管理，强大的供应链整合能力，以及依靠细节制胜的文化营销手段。

由此可见，企业通过简单的模仿是很难取得成功的，必须要进行创新性模仿。模仿的生命力在于创新，在于有所超越，如果模仿中只是一味地全盘照搬，完全失去了自我，没有了创新，那么最终的结果只能像“邯郸学步”中的燕国少年一样，别人的东西没学会，自己反而不会走路了。聪明的创新者可以先从模仿他人的产品开始，这一点，爱尔兰著名歌星恩雅也很赞同，她曾经在自己的歌友会上真诚地说过这么一句话：“我刚出道的时候，也没有自己的歌曲，于是我就去模仿别人的歌。”

其实，很多成功者一开始都是从模仿别人开始的。作为一个领导干部，我们一定要有大局意识，公司存在的目的就是为了盈利，如果我们通过模仿别人，把别人的东西变成自己的东西为公司的盈利的话，那么又有什么不可以的呢？有一点需要注意的是，现在的人们对知识产权保护非常重视，我们不能简简单单地模仿别人，必须要有所创新，否则就会给自己带来很多不必要的麻烦。

◎创新存在于每一个细节中◎

企业要真正达到推陈出新、革故鼎新的目的，就需要关心工作中的每一个细节，要有“成也细节，败也细节”的思想准备。否则，所谓的创新只能是一句空话。

很多领导干部总抱怨自己找不到创新的机会，那是因为他们总是把眼睛放到大事上，而不会从细小处动手，在细节中寻找到创新的种子。其实，很多创新跟那些大事没有多大的关系，反而跟那些看起来微不足道的小事有着直接联系。

Pampero番茄酱是委内瑞拉的一个大品牌，做得相当成功，但是很少有人知道它曾经也遇到过致命的危机。随着国家市场对外的开放，亨氏、德尔蒙等世界级番茄酱品牌陆续进入委内瑞拉，很快将Pampero踢出了第一阵营。

那么它是如何捍卫本土市场，并且向世界突围的呢？

这一切在于Pampero公司的领导人发现他们的番茄酱跟那些国家大品牌的颜色有点不同，这就是制作方法：那些大品牌在自动处理生产线上直接把番茄砸碎做成酱；而Pampero公司在搅碎之前，则要把番茄逐个进行人工去皮。

这个过程非常耗时耗力，Pampero公司之所以能够这样大方地“不计成本”，得益于发展中国家人力成本相对较低的优势。但这种优势并不可靠，因为跨国公司同样可以在发展中国家设厂，甚至不用设厂而通过寻找和扶持当地的代理工厂，就能达到同样的低成本制造。

起初，Pampero公司并不能把这个当成自己的唯一优势，并打算引进不去皮的自动化生产流程，以使企业告别落后的生产方式，迈向现代化制造的门槛。不过，最后他们还是打消了引进技术这个念头。他们觉得可以把生产效率低的这个“劣势”，转化成营销上的“优势”。因为Pampero公司效率低的独特的制作方法——手工剥皮，本身就蕴含着一个定位——最高级的番茄酱。随着科技的不断发展，人们越来越渴望回归自然，体味“原始”的美好。Pampero最后选择了坚持自己的特色——纯手工去皮。

当然，仅有这样一个理念还远远不够，还需要想尽办法让消费者相信，Pampero就是世界上最高级的番茄酱。为此，Pampero公司制订了一套宣传方案，告诉别人用去皮后的西红柿制成的番茄酱更加干净卫生，色泽更明丽，口感也更鲜美。Pampero公司还推出了这样一则广告：我们采用精心挑选的番茄为原料，并手工去皮，运用这种传统的纯手手工艺(而不是用冷冰冰的机器)，制作出最高级的番茄酱——Pampero！您可以从Pampero番茄酱与众不同的颜色与口味中，发现它与众不同的价值。

正是由于注重如此多的细节，使Pampero成功地狙击了亨氏、德尔蒙这些国际大品牌在委内瑞拉的扩张，重返了国内老大的交椅。

可见，细节往往是做一件无从着手的大事情的切入点，更是解决问题的关键。留意工作中的各种细节，很可能会给我们带来意想不到的惊喜。

“没有精彩的细节，就没有壮观的整体。”每一个细节都有可能影响到局部，甚至影响着整个全局。身为企业的领导干部，肩负着控制执行的重任，按道理，应该避免成为一名微观的管理者，陷入企业日常管理的细节当中，而是要站在一个较高的位置上去控制全局，把握整个企业的执行状况。但是，你至少要培养下属注重细节的习惯。

其实，所谓的大局意识，不仅仅是要看得长远，主要是要看得全面一些，把当下的一切做好。只有做好了当下，才能谈得上有未来；只有注重了细节，才能谈得上成就大事。尤其是像上面事例中能影响大局的细节，绝对不能忽视。顾全大局，是一种职业责任，它需要领导干部在分析一个问题的时候要有战略眼光，要做到以小见大。

陆川是某超市的经理。从他上任后，超市每年的营业额都翻了一番。如今，他们超市所经营的物品几乎涵盖了全县所有人的日常生活用品和食品。

要知道，陆川刚被调到这家超市的时候，超市只是一个很普通的生活用品超市，全县有四五家和他们规模差不多的超市，但是如今他们却是一家独大。

那么陆川成功的秘诀是什么呢？

其实，他的秘诀很简单，就是把商场门口纸篓里面的废纸收集起来。他每天都能从里面找到很多顾客的购物清单。他不用看每天的营业额，就能从这上面知道他们超市哪些商品受欢迎，哪些商品不怎么受欢迎，以及顾客在买东西的时候是如何搭配的，等等。在陆川的带动下，超市总能以最快的速度适应顾客，并且合理地引领顾客超前消费，一下子把顾客拉进了他们的店里。

显然，这就是顾全大局的最好体现。事实上，巨大的成功往往就潜藏在那些微不足道的细节当中，即使是纸篓的废纸，有时也预示着某些创意。

有时候，成功就是那么简单，简单到你都想不到这样也能成就一家企业。日本丰田公司的经验也可以证明，通过细节的创新可能实现对整个企业的持续不断地改善，从而获得巨大的成效。虽然每一个细节看上去很小，但是这里有一个小的变化，那里也有一个小的改进，就有可能创造出完全不一样的产品来。如果说创新是一种“质变”，那么这种“质变”必须要经过“量变”的积累，否则就不可能发生变化。如今的许多企业中都存在这么一个事实，认为只有往大方向看，才能真正地为企业做出贡献，自己才能有晋升的机会。其实，关注细节，在创新的思维下化平凡为神奇，更容易掌握到更多的机会。

◎营造一个激发创新力的工作环境◎

学习需要环境，工作也需要环境，创新更需要环境。

在科技日新月异的今天，只有那些能够不断创新的企业才能生存发展，因此，领导者必须要能够激发员工的创新激情，使他们能全身心投入到企业创新的发展中去。至于怎样激发员工的创新激情，方法有多种，但如果创造一个能够激发员工创新力的工作环境，则是不错的途径。

比尔·盖茨是一个十分重视创新的领导者，他有句名言：“只有创造者才能享受办公的乐趣。”为了贯彻他这一理念，尽其所能地为员工提供良好的工作氛围，竭力满足他们对于工作环境的要求，尽可能地使其感到工作愉快，给予其充分的自由，以激发员工创造的灵感。他所营造的工作环境，在很多企业家看来甚至有点不可思议。

盖茨办公室的设计，来自于他自己的想法。微软提倡的是平等竞争、自由工作的精神，因此，在办公室的设计方面，盖茨也主张平等、自由的风格。微软公司的每一位员工都有自己的办公室，这些办公房间相互独立，面积大小也差不多，就连比尔·盖茨本人的办公室也只是比普通员工稍微大那么一点。员工在自己的办公室里拥有绝对的自主权，可以自由装饰和布置房间，也可以放音乐，调整灯光，在墙壁上随意贴自己喜欢的海报。微软的办公室是一个绝对私密的个人空间，没有人会来干预你在这里所做的一切。

微软公司充分尊重每个人的隐私权，员工永远不会感受到有人在监督他，他们可以充分享受创造的自由。在这样的环境里，员工们能充分发挥自己的灵感，挖掘智慧潜能，因为这里可以帮助他们保持轻松愉快的心情，充分施展自己的能力。

微软总部跟其他企业很不一样，因为它看起来不怎么像一家企业，反而像一所大学。这里的建筑都比较低矮，到处都洋溢着一种学术的氛围。公司的年轻员工骑着单车上班，甚至可以一直骑到走廊里。微软公司各办公楼门前都建有停车场，在这里，不管是总裁还是一般员工，都平等地在这里选择车位，只有次序的先后没有职位的高低。公司的资料室也向所有的员工开放，任何人都可以随意去拿他们所需要的办公用品，而不必填表登记，更无须向人申请。员工还可以穿着他们认为最舒适的服装上班，短裤还是汗衫都没问题，有的人甚至光着脚，就像在家里一样自由，而不是像某些企业那样上班的时候必须穿工作服。

微软还有一个特点，就是办公大楼的地面上铺着地毯，房顶的灯散发出柔和的灯光，在楼道内随处可见用于办公的高脚凳。微软这样做的目的，就是让员工可以不拘形式地在任何地点进行办公，以便能够及时抓住突然迸发的灵感。在微软的办公大楼内看不到一座钟表，这是考虑到软件开发行业的特点而设计的。因为一旦员工进入了工作状态，就算是时钟的秒针声也会干扰或打断他的思路。

微软公司总部设在西雅图，这是一个阴天多、晴天少的城市。因此，只要一出太阳，就算是上班时间，员工们也可以随心所欲地到办公楼外散心，在楼前的草地上坐着或躺着晒太阳，或者弹吉他、唱歌、打球。当然，他们并不是休闲，他们都非常自律，该工作的时候都非常有激情。为了让员工们玩得开心，公司还会提供免费的饮料。每周五晚上，公司还举行狂欢舞会，以缓解员工的压力和苦闷，消除一周工作的疲劳，并增强企业的凝聚力和向心力，达到相互沟通、增进理解和友谊的目的。

微软的员工在这样的环境下工作，所有的员工都能充分发挥自己的创新能力。他们通过不断设计出领先于其他公司的产品来回报公司的这种付出，为微软的业界地位做出了卓越的贡献。

做任何事情都需要环境，没有环境就很难激发出我们的潜能。我们并不是说，要每一位老板都要向比尔·盖茨学习，花巨资来打造这么一个环境，毕竟只有少数人才有这个实力。当然，对于一些大企业来说，这种方法确实很值得借鉴，我们在这里就不说了。

那么对于大多数企业来说，如何才能营造一个良好的创新环境呢？这里有一个简单并且能迅速产生效果的办法，那就是在许可的条件下要人给人，要钱给钱。要想下属们努力创新，那么作为领导干部，就必须对他们极致信赖和支持。要让下属们知道：公司怕的是你没能力、没胆量、没想象力，提不出恢宏的计划，只要你提出来，公司就一定会认真对待，只要对公司大局有利，我们对有想象力的计划绝对支持到底，而且要钱给钱，要人给人！

第 3 个修炼
用大局来检验

一个真正顾全大局的领导干部应具备以下品质:博大的胸怀、强烈的责任心、强大的抗压能力,以及自律能力。也就是说,只有具备了这些优良品质,才算是具备了坚定的立场和良好的大局意识。相反,如果没有宽广的胸怀,缺乏责任心等,那么即便具备了大局意识,工作也仍会原地踏步、停滞不前。

第九章 ／ 用胸怀来检验

宽容是领导干部必须具有的一种顾全大局的职业素养。只有具备容人容事的雅量，才能带领出一个极具战斗力和凝聚力的团队，才能和大家一起披荆斩棘，使企业走上发展快车道。

◎宽宏大量，包容员工的个性◎

一个好的领导者应使自己成为一个有涵养的人。所谓有涵养就是要培养自己宽容的个性，在待人处世的过程中能够保持宽宏大量的胸怀。与之相反，脾气暴躁，不给人留任何余地，则是一种缺乏涵养的表现，这是领导者应当避免的。

美国成功学大师戴尔·卡耐基在他的著作《关爱人》一书中说道："一个能够从细微处体谅和善待他人的人，一定是一个与人为善的人，必定有很好的人缘关系，这种人缘关系就是他成功的基石。"

事实虽如此，可在职场这个充满着利益博弈的圈子中，领导想要得偿所愿地做好管理工作绝非易事。之所以难，很大一部分原因是很多人对自己的领导、同事或者下属没有一份宽厚的胸怀。身为领导，往往对自己不太喜欢的人不敢委以重任，即便人家有才有能。退一万步说，即使要用这人，也会老是挑他毛病。当然，对方在这样的环境里要想做好工作是极难的，最后要么请求调离，要么辞职走人。

因此，作为领导干部需要有很大的包容心，一个领导没有包容心，就会计较这，计较那，也就谈不上有任何大局意识。同样，没有包容心的领导是很难做好管理工作的。

美国总统林肯就是一个很能包容下属个性的人。

美国南北战争刚开始的时候，年轻英俊的麦克里兰将军带着一支小部队进入西弗吉尼亚，打败了几股南军。其实，这只是几场小仗而已，但是麦克里兰却高调地向外发出了几十份精彩又夸张的快报，向国民宣布他的成果。

牛径溪之役惨败后，林肯让他统领北军，可是他整天整军备战和夸夸其谈。林肯再三催促，他总是寻找各种借口拒绝出击。

安蒂坦战役之后，李其蒙战败，麦克里兰的军队远比李其蒙将军的军队多得多，可他就是不肯追击，结束战争。林肯一连几星期催他追击李其蒙将军——写信催、打电报催、派特使去催。最后麦克里兰竟说："马儿累了，舌头疼，它无法行动。"

半岛战役中，马格鲁德将军用5000兵力轻松地阻挡了麦克里兰的10万大军。麦克里兰不往前攻击，只是筑起城垛工事，一再要求林肯加派人手。

林肯说："如果我真的派10万人去增援，他就答应明天开向李其蒙。等明天到了，他又拍电报说他探知敌军多达40万人，没有后援他无法进攻。"

战争部长史丹顿说："麦克里兰就是这样的人，如果他的手里有100万士兵的话，他就会发誓说敌军有200万，然后坐在泥地上嚷着要300万人。"

除此之外，麦克里兰对林肯还十分无礼。

林肯来看他时，他竟叫林肯在前厅等上半个钟头。

有一次，他晚上 11 点才回到家里，佣人告诉他林肯已经等候了数小时要见他。

麦克里兰从林肯坐着的房间门外走过，不理不睬地直接上楼，再派人对林肯说，他已经上楼睡觉了。这件事被报纸大肆宣传，华盛顿人人议论不休。

林肯太太泪流满面，恳求林肯把“那个只会空谈的专家”给换掉。

但是林肯却说：“太太，我知道他不对，但是在这种时候，我们不能只顾着自觉的好恶。只要麦克里兰能为我们打胜仗，我愿意替他提鞋子。”

从上面这个故事，我们可以知道为什么美国人把林肯称为美国历史上最伟大的总统了。顾全大局是领导应有的职业品格和胸怀，在这一点上林肯是一个典范。

工作中我们会发现，每个人都有自己的性格特点，有些我们喜欢，有些则不喜欢。如果领导干部仅凭自己的喜恶，就把那些自己看不惯的下属打入“冷宫，不愿意与其交往，这无疑是心胸狭隘的表现，也是对人对事判断不够客观的体现。因为这个世上没有完人，也极少有真正一无是处的人。如果能换个角度去观察，我们会发现其实每个人身上都有值得自己学习的地方。

民间有句俗语：“百人百姓，千人千面。”每个人都有着不同于他人的个性习惯，也正因为如此，人们才各有所长、各有所短。古代圣贤孟子曾说：“君子莫大乎与人为善。”要想做一个为人称道、功成名就的君子，就要学会善待他人，这是任何想成功的人都必须遵守的规则。尤其是在当今这样一个充满合作的时代，要想赢得更多人的合作与帮助，就更需要宽厚待人，与人为善，与下属及周围的同事和谐相处。

张小天是一家食品销售公司的销售经理，当说起自己如今的成就时，他总说要归功于他的上级老张。张小天刚进这家公司的时候，只是个小小的销售员，在老张手下做事。

老张是个性格谨慎、做事严谨的人，对下属总是板着一副严肃的面孔，对下属的工作要求也极其严格，几乎到了鸡蛋里挑骨头的程度。在张小天看来已经做得很到位的工作，但在老张看来也还是存在很多问题，他被老张训斥批评简直就是家常便饭。

所以，一开始张小天对老张充满了愤怒和不满，但在听别人说完他的奋斗历程后，张小天开始佩服起他来。那时的老张也是一名默默无闻的销售员，刚到这个城市的时候，穷困潦倒，甚至还睡过天桥和公园的石凳，3块钱就能过一天。后来凭着自己的勤奋和认真，一步一步从销售员做到了如今经理的职位。

张小天还发现，老张最明显的做事风格就是认真仔细，绝不容许自己或下属犯不该犯的错误。虽然做销售经常会有应酬，但他从来不喝酒、不抽烟。奇怪的是，客户并没有因这些而反感他，反而对他很信任，和他的关系相处得非常融洽，原因就在于他的认真。

在渐渐了解了老张之后，张小天开始冷静地反思，尽管他的个性有时候令自己很不舒服，但是老张身上有他值得学习的地方，他要学习老张的认真和严谨。自此之后，每当老张再批评张小天时，他都在心里告诉自己：老张说得对，我要认真，再认真。慢慢地，他习惯了老张的挑剔，并从中受益；他自身的一些缺点也因为老张的影响而发生了改变。

其实老张也明白自己的臭脾气很不招人待见，没有多少人能一直容忍，可是张小天不但容忍了下来，还一直努力进步着。慢慢地，老张也对这个心胸宽广、肯努力的下属刮目相看，经常委以重任，这才有了张小天今天的成就。

作为一名领导，我们不仅要包容下属的个性，也要包容上级的个性。我们包容了别人，其实也等于成就了自己。试想，如果张小天看不到老张古怪个性之外的优点，他就不会及时地完善自己的工作，那么他若想取得现在的成就，恐怕就要等到猴年马月了。

影响是相互的，一旦我们用宽容的心态去欣赏别人，那么对方也会反过来欣赏和接纳我们，我们的发展之路也就轻松顺畅了许多。俗话说，人们的个性有方有圆。你是方，他是圆，虽然不同形，但只要有一颗宽厚的包容之心，方和圆也能和谐相容。

◎人非圣贤，原谅下属的过错和缺点◎

英国有句谚语："世上没有不生杂草的花园。"意思是人人皆会犯错。身为企业的领导干部，一定要有宽广的胸襟，宽容地对待下属。简言之，就是在心理上接纳下属：接受下属的优点时，也要接纳他的缺点；接受下属的成绩时，也要接纳他的错误。

《尚书》中说："一个人有包容的雅量，他的德行就伟大。"作为领导一定要有气度，要宽容，而且你的位置越高，你需要宽容的东西就越多。宽容待人是领导成功的本钱，一个不够宽容的人，他未来的成就势必会受到影响。

宽容是领导者容人之过的一种胸襟，是一种具有大局意识的表现。"人非圣贤，孰能无过"，对下属的过失与冒犯随随便便就大发雷霆、斤斤计较，并施以惩罚批评一顿，只会打击下属工作的积极性，给你的管理工作带来一些不必要的麻烦，甚至还可能影响到整个部门乃至企业的业绩。你对下属犯的错误坦然面对、一笑了之，以宽广的胸襟原谅他们，并给予其改过的机会，得到的将是他们的真心改过和赤胆忠心。

据史书记载，宋太宗是一位宽容的君主，他曾非常大度地包容了两位大臣的冒犯。

有一天，殿前都虞侯孔守正和另一位大臣王荣，一起陪宋太宗喝酒。几巡酒下来，孔守正就喝得酩酊大醉，借着酒意，他和王荣开始争论起征战边关时，谁的功劳最大？两个人越说越激动，完全不顾及旁人的感受，视宋太宗为隐形人。

一旁的侍臣觉得两个人的行为有失大体，实在太过分了，就奏请宋太宗将两人抓起来，送到吏部去治罪。宋太宗笑了笑，说道："算了，他们也是喝得大醉，无心冒犯我。你找人好好照顾他们，酒席结束后，将他们送回各自的府上。我有些累了，先回寝宫了。"

第二天，孔守正和王荣酒醒之后，从侍臣口中得知了昨天酒后的鲁莽行为，两个人心惊胆战，一起赶到金銮殿向皇上请罪。一番忏悔后，他们等待皇上的严惩。

但让他们惊讶的是，宋太宗一脸茫然地说道："昨天朕也喝醉了，发生过什么事，朕完全没有印象。要是没有别的事情，你们就退下吧。"他们走后，侍臣疑惑地问宋太宗："皇上，您昨天明明很清醒，为什么说自己也喝醉了呢？"宋太宗意味深长地说道："编个喝醉了的理由，对他们的冒犯不加追究，既没有丢失朝廷的面子，又能让两位大臣警觉自己的言行，能达到惩前毖后的作用也就够了。"侍臣听后，连连称赞："皇上英明！皇上大度！"

下属不是衣服，不合适就换、用过就丢。下属是我们团队的一部分，斩断手脚，伤的是自己，非到万不得已，我们绝对不能放弃任何人。有这种认知，我们才会正确面对下属的错误，才会珍惜自己的团队下属才能踏实地为我们工作。

身为领导干部，只有做到容人之所不能容，忍人之所不能忍，恕人之所不能恕，忘人之所不能忘，才能管人之所不能管，成人之所不能成。当然，每一个领导干部都希望下属少犯错误，将工作做得完美一些。但是，这个世界上没有谁希望自己犯错，尤其是在工作中，任何人都希望做对事，来证明自己的人生价值。

当下属犯错时，作为领导肯定很生气，但我们可以想一想，当年自己刚走入职场的时候，是不是也犯过错？即使你现在身居高位，是不是也难免做错一些事情？由此说来，能否包容下属，心态至关重要。既然我们也是不断地从错误中成长起来的，那么对下属的错误就要宽容一些。

陈鑫是一家公司策划部的员工，他的思维很活跃，创意层出不穷，做出的策划案让客户很满意。但是他有一个缺点，就是酗酒，一喝起来就把工作抛到脑后。因为这个毛病，他给公司造成了很大的损失。

那天晚上，大家加班赶一个策划案。正在研究调查报告的小张发现一个数据有问题，需要核实，而陈鑫就是这个报告的负责人。小张赶紧问陈鑫，这个数据是否准确？

陈鑫晚饭时和别的同事喝了一些酒，头脑很不清晰，他看了一眼报告，说道："准确，没有问题。"

小张有点不放心，说道："你还是在电脑上核查一下吧，这个数据要是错了，会损失很多钱的。"陈鑫不耐烦地说："我说准确就准确，我又不是第一天做这个工作，你别质疑我的工作能力！"小张听后，没有再言语。几分钟后，陈鑫就趴在桌上呼呼大睡了。

第二天一早，他在一片嘈杂声中醒来，只见办公室乱成一片。他刚想打探情况，小张就匆匆走来，焦急地说道："你这回可惹大祸了，你报告上的那个数据是错误的，主管昨晚按那个数据审核的策划案，然后发给客户，客户一看就火了，说我们对待工作不认真，要取消合作，让我们退还定金。这可是个大客户，他要是不跟我们合作，公司就要损失一大笔钱，主管现在都急疯了，正在和客户沟通，还让我们马上设计出新方案，争取留住客户。”陈鑫听后，脑袋嗡嗡地响，一种悔恨油然而生。他经过主管办公室时，从主管焦虑的神色中感到了一种不祥之意。他想：“这次错误犯大了，得卷行李回家了。”

经过一番努力，客户决定再给他们公司一次机会，大家都松了一口气。主管将陈鑫狠狠地批评了一顿，当即作出处罚决定：让他辞职走人。虽然这个处罚已经在他的意料之中，但真的听到这个消息的时候，他的心中还是一震。他对主管说，自己真的非常喜欢这份工作，希望主管可以原谅他，再给他一次机会。主管看了看他，思忖片刻后，答应了他的请求。

从那以后，陈鑫戒了酒，工作非常努力，无论大事小事，他都表现出极强的责任心，业绩十分出色。两年后，他成了策划部的经理，他负责的几项策划案，还得了大奖。忆起当年的往事，他十分感慨地说：“主管对我的宽容，改变了我的一生。从那件事以后，无论做什么，我首先想到就是做事要对得起领导，对得起公司，绝不能因为我的过失给同事、领导和公司带来损失和麻烦。”

每个人都有犯错的时候，犯错后，也都希望得到别人的宽容，但并不是所有的人都有那么好运能够得到别人的宽容。我们宽容了别人，别人就会真心地对待我们。

◎批评下属时，要顾及对方的颜面◎

给下属面子，下属才会对工作更加积极。

每个人都希望得到别人的尊重，都希望别人能多给自己一些面子，下属也不例外。即使他们犯错了，也会非常在意自己的面子。作为领导应该从大局出发，善于包容他们的过失，懂得为下属留面子。你懂得给下属留面子，下属就会为之所动，你就会有所回报。

下面这个事例就能说明这一点。

几年以前，通用电气公司总裁韦尔奇面临一项需要慎重处理的工作——免除查尔斯·史坦恩梅兹部门主管的职务。

按理说，免除一个人的职务直接下命令就是了，这是一件多么简单的事情，怎么会让韦尔奇如此伤脑筋呢？原因在于，虽然史坦恩梅兹在计算机信息部门主管这个职位上做得一塌糊涂，但是他却是电气方面第一流的天才，公司绝对少不了他，而他又有着十分敏感的个性。

韦尔奇想了很久，终于想到了一个办法，于是打电话给他："查尔斯先生，现在有一个通用电气公司顾问工程师的职务，我暂时找不到合适的人，准备由您来担任，请您帮我这个忙好吗？"

查尔斯一听，高兴地说："没问题，只要是公司决定的，我很乐意接受。"

显然，韦尔奇的做法既达到了自己的目的，又给查尔斯保留了面子。可谓是一举两得。

可是看看现实中，很多领导干部还做不到这一点。他们也许会这样认为："你既然不能胜任这个职位，自然要把你解雇或者调离了。"但是，很多事情是无法衡量你做的究竟是对还是错，主要原因是每个人衡量的标准都不一样。

下属犯错了，你觉得身为领导的你就应该在其他人面前批评他一顿，好好给他点教训，殊不知，这样一来，势必会伤害到别人的自尊。如果对方在公司里可有可无，就不会给公司带来什么损失，但是如果人家是一个非常优秀的人才，你这样做，肯定会让对方丧失对工作的积极性，最后损失的还是公司。

因此，身为一个领导，看任何事情都要看得全面一点，不要等到事情向不好的方面发展时，才发现自己早已经失去了对全局的掌控力。

张芳是一名非常有能力的文员，在不到一年的时间里，她从一名普通的助手成了能做各种文案策划的优秀员工，堪称公司的主干力量。但是，就在这个月某一天，她回来得特别早，看上去很不开心，她的好朋友涓涓问她，这是怎么了。

面对涓涓的关心，张芳非常气愤地说："我辞职了，我再也不用在那个脾气差得要命的领导眼皮子底下工作了。"涓涓知道，张芳不可能随随便便辞职的，肯定是发生了什么事情，于是问道："芳芳，这究竟是怎么一回事啊！"

被涓涓这么一问，张芳就委屈地说道："你说我在这个公司也有一年了，我虽不敢说自己的能力有多强，但我也是兢兢业业，对工作认真负责。可我们那经理却因为我没有把这次策划做好，就对我劈头盖脸一顿骂，真是可恶至极。"

"很多领导都这样，忍一忍就过去了，你也不用辞职啊！"涓涓劝解道。

"你不知道，他实在太过分了，说我不负责任，还说我肯定不是一个好女人，相信任何一个女人都不能接受别人这样评价她。真是莫名其妙，让我再待在那里我会疯掉的。确实，我承认我错了，但他可以提醒我，我可以改啊！他的这种态度让我接受不了。”张芳气恼地说。就这样张芳离开了那家公司。

张芳已从一名普通员工修炼成一名优秀的员工。对于她来说，失去一份工作不会有太大的损失，但对于那家公司来讲，却失去了一名优秀的员工，实在有些可惜。

一个胸怀大局的领导者批评下属的时候，一定要特别注意给对方留面子，尤其不能说一些侮辱对方的话。曾有一个下属这样说：“老板少给我钱可以，但不能不给我面子。我能接受上司的批评，前提是上司一定要给我面子，不能在大庭广众之下骂我、批评我，那样是很丢面子的事。”

要知道，从人格上来说，每个人都是平等的，你若不能顾及下属的自尊，把他们逼急了，他们或许因为你是领导，不敢反过来刺伤你的自尊，但是在心里面，一定恨死你了。在你布置任务的时候，对方就会对你产生排斥心理，不再听从你的命令和指挥，最后势必会影响到整个团队的合作，真到了这一天，你的老板肯定会觉得你不适合做领导。

如果你是一个企业的领导者，在辞退一个下属时，也要注意方式。要知道，辞退下属不是一件很有趣的事，被辞退者更是没趣。但是很多领导根本就没有注意到这一点，通常他们是这样处理的：“请坐，先生，这段时间你在这里的工作表现让我们不太满意，我们似乎没有合适你的工作交给你了。”这些话对方听后多半会感到被抛弃了。他们当中大多数人一生都在从事类似的工作，他们在你的公司做得不是很好，可能是他们的能力没有发挥出来。但是或许换家公司他们就能很好地胜任工作。而对于曾经抛弃他们的公司，当然不会有什么特别的好感，甚至还会充满敌意，他们将很可能成为原公司的心腹大患。

有大局意识的领导应该用体谅的方式来遣散公司里的多余人员，现在我们来看看下面这个故事。

张小波是一家小公司的老板。有一天，他把小李叫到了办公室说："小李，你的工作表现很好，公司分给你的很多艰苦的任务你都能很好地完成，这让我很高兴。工作上你遇到了一些困难，也处理得很妥当，不过，最近公司遇到了一些困难，我不得不请一些人暂时离开……我们希望你知道，公司以你为荣，你对这一行业懂得很多，不管你到哪里工作，都会前途一片光明。公司对你有信心，支持你。我们希望你不要忘记公司。"

结果呢，小李在外面工作几年后，又回到了张小波的公司。小李之所以选择再回来，主要原因就是从来没有感觉到曾经被人抛弃。他知道，如果公司有工作给自己的话，会把自己留下来。而当公司再需要自己的时候，自己将会带着深厚的感情再来投靠。

因此，领导者要把事情看得远一些，不要简单地认为，下属犯错了，直接批评对方就能接受了。要记住，在某种程度上，对于人们来说，面子胜过一切。我们所付出的一切努力可以说都是为了争面子、得荣誉。你若不给别人留面子，别人也就不会顾及你的面子。

◎下属犯错，温和处理是妙法◎

当下属犯错时，有的领导会马上将其叫过来批评一顿。这样看上去是体现了领导的威严，但实际上对工作的进展没有任何好处。聪明的做法是，用温和的方式指出下属的错误，这样他才能真正认识到自己的问题。

下属犯错，作为领导，是厉声指责，还是温和相告呢？相信不管选择哪一种方式，领导者的目的都是要让下属认识到自己的错误，下次不要再犯。厉声指责是可以让下属认识到自己的错误，但是很可能让对方觉得自己的领导是个不好相处的人。特别是有些领导，下属只是犯了一些小错，他也借机把对方狠狠地批评一顿。这样一来，下属是不敢犯错了，但以后他们做起事来可能就会小心翼翼，担心一旦哪一点做不好，就要接受领导的雷霆之怒。这样一来，工作又怎么会有高效率呢？

下属犯了错误，最妥当的做法就是温和地对待，要让他知道，领导对他没有恶意。下面这个故事或许能给我们一些启发。

张海是在同学当中混得比较好的，因为他26岁就坐到了某航空公司经理的位置。他工作能力比较强，为人处世的能力也很不错。

公司有个姓甘的职员，毕业于台湾一所著名的外语学校，英文很好。

有一天，张海发现她正在读一本英文著作，就瞄了一眼，原来是在看莎士比亚的一本书。张海并没有直接上去指责她，而是随和地说："甘小姐，没想到你也这么喜欢莎士比亚的书啊！”她望着张海笑一笑，张海说：“莎士比亚的文字的确非常优美，不过，好像我们在工作的时候用处不是很大。甘小姐，我给你一个建议，以后莎士比亚还是回家读。”她笑笑，自那以后，张海就再也没有在公司看到她读莎士比亚的书了。

张海没有过于直接地指责甘小姐，但是效果却胜过指责，这就是张海为人处世的成功之处。他既为甘小姐留了面子，又提醒了她的错误，使她时刻谨记自己的本职工作。

温和处理，体现出了一个领导干部的包容心。作为领导干部没有必要因为一点儿小事把上下级关系搞得不痛快。任何人都会犯错，作为领导，有责任让自己的下属更快地成长起来，而不是去责怪他为什么又犯错了。

很明显，温和处理下属的错误，是顾大局的一种表现。但是，很多领导却很难做到这一点，当下属犯错时，他们控制不住自己的情绪，不把对方批评得狗血淋头，他们就觉得下属意识不到自己身上所肩负的责任。其实，当我们在众人面前批评对方的时候，就已经慢慢地失去对全局的掌控了，因为工作直接跟员工的利益挂钩，没有人会傻傻地故意去犯一些错误等你来批评。作为领导者，我们要理智地对待下属的错误，不要“因小失大”。

很多年前，美国某石油公司的一位高级主管作出了一个错误决策，一下子使该公司损失超过200万美元。当时，这家公司的老总正是大名鼎鼎的洛克菲勒。造成损失之后，这项工作的主管人员唯恐洛克菲勒先生将怒气发泄到自己头上，都设法避开他。

一天，这家公司的合伙人爱德华·贝德福德走进洛克菲勒办公室，发现这位石油帝国老板正伏在桌子上看一张纸上写着什么。

“是你呀，贝德福德先生，请坐。”洛克菲勒对贝德福德，平静地说道，“贝德福德先生，我想你已经知道我们的损失了。对于这件事，我考虑了很多，但在叫那个人来讨论这件事之前，我做了一些笔记。”

原来，那张纸上罗列着某先生一长串的优点，其中提到他曾三次帮助公司作出正确的决定，为公司赢得的利润比这次的损失要多得多。

之后，贝德福德感慨道：“我永远忘不了洛克菲勒处理这件事情的态度。以后这些年，每当我克制不住自己想要对某人发火时，就强迫自己坐下来，拿出纸和笔，写出某人的好处。当我完成这个清单时，自己的火气也就消了，就能理智地看待问题了。后来这种做法成了我工作中的习惯，好多次它都制止了我的怒火，如果我不顾后果地去发火，那会使我付出惨重的代价。”

由此看来，当领导者在工作中发现下属有什么疏漏时，用温和的态度来对待是一种绝佳的智慧。总之，领导者尽量不要当众批评下属，能用提醒的，就别用批评，如果提醒后，对方仍然不知道自己错在哪里的话，就与对方沟通，恰当地提出批评。这样，下属会感觉到领导对他的照顾和体贴。反之，他会觉得领导是有意跟他过不去，故意在众目睽睽下给他难堪，影响他在同事面前的形象。

◎任用强于自己的人，才是真的大胸襟◎

对于一个想成就一番事业的老板来说，他当然不希望自己手下的员工都是些平庸之辈，一个企业的发展与进步需要更多的杰出人才为之奋斗。要想顾全大局，那么你就应该多用一些比自己强的人。

领导干部要学会用比自己强的人，美国钢铁大王卡内基的墓碑上就刻着一句这样的话："一位知道选用比他本人能力更强的人来为他工作的人安息在这里。"这也是卡内基成功的秘诀，他之所以能成为钢铁大王，并不是他有什么了不起的能力，他只是做到了很多人都没有做到的一点——敢用比他强的人。

卡内基还说过这么一句看似非常狂妄的话："把我的厂房、机器、资金全部拿走，只要留下我的人，4年以后我又是一个'钢铁大王'。"他讲这话的时候充满了自信，而这种自信源于什么？那就是任用水平比自己高的人。下面这个故事就能很好地说明这一点。

齐瓦勃是卡内基钢铁公司下属布拉德钢铁厂里的一位普通的工程师。

一次，在布拉德钢铁厂产品开发与研制会议上，与会高管们在产品是继续升级还是适应市场的问题上，一直僵持不下。厂长觉得应该顺应市场需求，以便扩大市场份额，战胜竞争对手。但适应市场就意味着沿用原有技术，因为一旦利用新技术，将大幅度增加成本，市场难以接受。

副厂长则主张产品升级，以便始终保持技术领先，争取高端客户。但产品升级意味着产品价格上升，市场份额减少。

双方说得都很有道理，而且都是为了公司着想，卡内基也不知道该听谁的好。

这个时候，作为列席人员参加的齐瓦勃站了出来，他对着参加会议的这些人说：“为什么不把车间一分为二呢？”

厂长马上反驳道：“我们的车间本来就不大，再一分为二，岂不是什么都干不成了。”

齐瓦勃说：“不一分为二，难道我们不能另选地方，找一个小一点的车间吗？”

厂长说：“哪里还有地方？”

齐瓦勃说：“如果必须而且紧迫，没地方，我们就用马路。”

“是啊！如果不想影响生产，又想技术升级的话，为什么不能用马路呢？”参加会议的人纷纷赞同齐瓦勃的话。

不久后，卡内基就认命齐瓦勃为布拉德钢铁厂的厂长。

齐瓦勃没有让卡内基失望，在他的管理下，这个工厂迅速成为全美钢铁行业的佼佼者。也正是因为有了齐瓦勃，卡内基才敢面对行业对手公然挑衅地说：“什么时候我想占领市场，市场就是我的。”

有些竞争对手不服气，但最后都被卡内基超越。3年后，表现出众的齐瓦勃又被卡内基任命为钢铁公司董事长，成了卡内基钢铁公司的灵魂人物。

齐瓦勃担任董事长的第七年，当时控制着美国铁路命脉的大财阀摩根，提出与卡内基联合经营钢铁。

一天，卡内基递给齐瓦勃一份清单说：“按上面的条件，你去与摩根谈联合的事宜。”齐瓦勃接过来看了看，对卡内基说：“如果你按这样的条件跟摩根去谈，你肯定会损失一大笔钱。”

卡内基知道齐瓦勃不可能无缘无故地说这些话，经过分析后，他承认自己过高地估计了摩根，于是便全权委托齐瓦勃与摩根谈判，终于取得了对卡内基有绝对优势的联合条件。

一个领导干部敢用比自己强的人来做事，说明他有着宽广的胸怀，更体现出他把公司的利益放在第一位。

作为领导干部，必须要具有和善于使用比自己强的人的胆量和魄力，在企业内部激励、重用比自己更优秀的人才，让企业变得越来越有竞争力。

有些领导干部之所以不愿意用比自己强的人，不是因为他发现不了优秀的人才，而是嫉贤妒能的心理难以克服。有些人总认为既然自己是领导，那么在各个方面就应该比别人高上一筹，一旦遇到比自己强的人就萌生妒意，采取各种办法打压他们。

一个部门的领导如果嫉贤妒能，那么部门的整体工作就不可能做好。一家公司的老板如果嫉贤妒能，那么这家公司肯定早晚都要关闭。为什么这样说呢？因为一个能力比领导强的员工得不到重用，可能就会感觉领导故意打压自己或自己不被公司重视，那么多半会辞职，另谋去处。这样，领导干部实际上是在减少自己的力量，增加竞争对手的力量。

甲骨文股份有限公司简称甲骨文公司，它是全球最大的数据库软件公司，该公司的多项研究成果都获得了世界大奖。该企业成功的秘诀就是不断地提倡要使用一流人才，比自己更强的人。

甲骨文公司总裁埃里森说：“领导干部一定要学会使用比自己强的人，要学会用你的老师——每个比我强的人都是我的老师；要学会用在某个领域比自己强的人——这些人就是专家。企业家经营的过程，其实就是一个不断寻找‘老师’

的过程；而甲骨文能够快速发展到今天，也就是因为‘老师’找得多、找得准。”埃里森明白，能不能找到最好的人、有没有找到最优秀的人的眼光，直接关系到企业的成败。最大的投资失误，不是某个项目的得失，而是没有找对合适的人选。

用一流的人才才有可能造就一流的公司。话说回来，领导干部们之所以会妒忌比自己强的下属，是因为担心下属会取代自己的位子。其实，完全没有必要有此担心，因为敢于用比自己强的人，而且还把对方放到最重要的位置，老板会觉得这样的领导干部顾全大局，他不仅不会对其进行打压，而且还会更加重用。即使老板让下属顶替某个领导干部的位置，一个聪明的老板也绝对不会亏待他，很有可能会把他调到和原来差不多的位子上，而这个位置也会更加适合他。

很多人都说，刘邦是一个庸才，连他自己也承认，自己有很多地方都不如下面的人，但是他有一个长处，那就是敢用比自己强的人，结果取得了天下，建立了大汉王朝。我们来看看，刘邦的对手项羽，项羽对军师范增表面尊敬，称其亚父。但是在关键时刻，却总是限制范增发挥他的能力，再加上自己性格的缺陷，结果落得乌江自刎的失败下场。

都说“兵熊熊一个，将熊熊一窝”，作为领导干部，只有用好人、用对人、用好比自己更强的人，才会逐渐形成一个良性循环。奥若想使公司充满生机和活力，就必须选贤任能，雇请一流人才，而不能“武大郎开店”，害怕对方超过自己。

第十章 ╱ 用责任来检验

责任意识是大局意识在工作中的具体表现。如果没有敬业尽责的态度，那么大局意识就如同纸上谈兵，工作也不会取得理想的成绩。所以说，看一个领导干部是否顾全大局，要着重看他是否具有强烈的责任心。

◎责任重于泰山，不能有半点懈怠◎

工作是我们每天正常生活的重要保证。工作之后，我们就会明白，其实，我们选择的不单单是一份工作，更多的时候，是一份责任，是一份担当。一个人大局意识的高与低，其实主要就是看他对工作的责任心有多强。

企业给我们工作，实际上是给我们生存的机会，为了自己的生存，我们就要关心企业的生存。这样，才对得起企业给予我们的待遇，才能获得更好的发展。认真地工作，用心地工作，拒绝推脱和逃避责任。无论在哪一个岗位，我们都要始终保持一种责任意识，对客户负责、对团队负责、对企业负责。

有一家工厂建立在地势低洼处，每年都要经历几次洪水的侵袭。

这一年，老板要去广州出差，走之前，他对主管们千叮咛万嘱咐："你们一定要注意看天气预报。要准备好抗洪。”然而，这些主管对他的话却没当回事。

老板到广州后，看到天气预报得知会下大雨，就准备打电话告诉各位主管。可能由于天气的原因造成信号不好，他想通知的那几位主管的电话都没有打通，最后，他只好把电话打给了财务主管，告诉他今天可能会下大雨，让他务必去厂里一趟。

财务主管满口答应，但是他没有去。他想：“这么晚了，我离工厂又那么远，还是算了吧，我给安全部经理打个电话，叫他去吧。”

于是，他给安全部经理打电话。

“安全部经理吗？刚才老板打电话过来说，今天可能会下大雨，让你去厂里一躺。”

安全部经理接了电话后想，这个人怎么会给我打电话呢？如果老板叫我去的话，干吗不直接给我打电话啊！安全部经理并不怎么想去，一是他现在正在打牌，二是他认为还有安全科的人理应承担此事，三是他认为工厂里还有保安，不会出什么大事。最后，他还把手机给关了。结果，安全科的人没有接到电话，没有人去。

工厂里是有保安，但是抽水机没油了。保安们给安全部经理打电话也打不通，于是保安就睡觉了。凌晨2点的时候，下起了大雨。由于保安们睡得太死，雨水都快淹到他的床上了，他们都没醒来。等他们发现的时候，赶紧给消防队打电话，消防来了，也太晚了，6个车间全部被淹了。

事后，老板找到了他们。

老板先问财务经理，我打电话给你，叫你去工厂，你怎么不去啊！

财务经理说：“我住得那么远，怎么去啊！我打电话给安全部经理了。”

安全部经理说：“不是还有安全科吗？我有什么错。”

安全科的人说：“厂里不是还有保安吗？”

保安说：“抽水机没有油了，那是行政科的事情。”

行政科的说："行政科没有钱，我怎么买啊！那是财务科的事情。"

财务科的人说："我为公司节约资金难道有错吗?"

结果，老板生气地说："你们都没错，难道是老天爷的错吗？我不要你们赔偿，我要你们反思，假如你们当中有一个人有大局意识，那么就不会发生这样的事情了。"

这个故事给了我们一个很深的启示，倘若这些人当中有一个人有大局意识，那么这个工厂或者公司就不会发生这样的悲剧。企业的普通员工需要有大局意识，企业的领导干部更要有大局意识，任何一名员工，不管个人能力有多强，如果你不顾大局，那么就会出局。

顾大局是一种高尚的职业品德，顾大局最直接的表现就是对待工作没有半点懈怠。只有尽职尽责，并时时为企业着想，你才能有所发展。

何伟是一家公司保卫处执勤点的队长。他平时工作非常认真负责，只要有车辆过来，他总是身先士卒，毫不犹豫地带头在车厢里仔仔细细地检查，认认真真地核对每一笔货物的数量。

何伟从来不在意每天要吸多少灰尘，也不在意自己每天流了多少汗水，因为他认为凡事要做就做到最好，尤其是自己的工作。但是，让何伟无法忍受的是，自己的付出换来的竟然是别人的冷嘲热讽和无止境的谩骂。每当他检查完车辆，总会听到别人这样的议论："一个看大门的，一点都不懂得灵活，头脑真是太简单了。累成这样真是活该。"

虽然别人的议论让何伟非常伤心，但是，他依然坚持对自己的工作负责。他经常这样对别人说："既然我做这份工作，就一定要做好，只要我在这里站岗，我就会对我的工作负责，如果连这点责任都承担不了，那我还能做成什么?"

何伟就是凭着这样的信念，使公司每年几十亿的物资出入没有出过半点差错，查获不法分子偷盗现象无数次，为公司避免了巨额的经济损失，使公司物资财产安全得到了很好的保障。何伟就是用这种对公司、对工作负责的态度赢得了领导的赏识，并获得了最佳员工奖。

不久，他就被调入了安全科。后来，还当上了安全部经理。

就像其他人议论何伟时说的一样，门卫完全可以睁只眼闭只眼，不仅自己不用这么辛苦，在别人眼中也会落个“大好人”的形象。但是，何伟并没有那样做，在他看来，那是不负责任的表现。何伟正是以自己对工作负责的态度，坚守住了自己的岗位，得到了领导的重视。

身为一名员工，我们必须明白，不管职位的大小，不管能力的高低，我们每个人所要承担的责任都是十分重要的。软件业的“巨无霸”微软公司之所以会经久不衰，就是因为他们非常重视员工的责任心，在招聘员工的时候，他们首先看的就是应聘者的责任心，其次才是能力。

微软创始人比尔·盖茨曾经说过：“对工作负责是每一个员工应有的品质，即使你的职位再渺小、工作再平凡，只要你决定上岗，就对自己的工作有着不可推卸的责任。”比尔·盖茨还表示，唯有具备高度的责任感，才能够在工作中勇敢地承担起自己的责任，把工作中的每一个环节都努力做到完美，这样的员工才是一名真正优秀的员工。

就像比尔·盖茨说的一样，作为一名员工，我们不可以轻视自己的工作，不可以“当一天和尚，撞一天钟”，把工作当成混日子。我们要时刻明白自己的责任，尊重自己的工作，知道自己应该做什么，该怎么做，之后就全身心地将其做到极致，做到完美。只有这样，我们才能在愉快工作的同时提升自己的能力，实现自身的价值，使自己成为一流的优秀员工。

◎主动承担责任，做下属的“挡箭牌”◎

领导是决策者，是管理者，当自己犯错的时候，要敢于认错，承担责任。当下属犯错的时候，也要主动承担责任，不要把所有责任都让下属去承担。

企业的领导干部是为老板而“生”的。犯错了，让下属来背黑锅，首先就可以证明他不是一个合格的领导。即使下属犯错了，作为领导干部，也担负着主要责任。这一点，联想集团创始人柳传志很是赞同，他说：“当部下犯了过错以后，领导者显出无能为力，他就应当承认自己是一个失败的领导者。一个推卸责任的领导者，他就不能当一个领导者，因为他不具备一个领导者应具备的基本素质。”

郭海是一家大型汽车制造公司的车间主任，一百多名安装技工在他的管辖范围之内。

有一次，他跟几名员工一起安装一部高级小轿车。安装完毕后，总裁和几个朋友到车间巡视，其中一位朋友发现了一辆小轿车安装上的失误。

因为总裁在场，郭海怕连累到自己，就把责任推给了他的下属。

总裁当着全车间的人语重心长地对郭海说：“我直接授权于你，结果也理应由你承担。你手下人的疏漏，80%是你的责任。”郭海是一个好面子的人，他感觉总裁在那么多人面前批评自己，让他颜面尽失，他忍受不了这种打击，最后选择了辞职。

一个领导干部要勇于承担责任，而不应该像郭海那样把责任推卸给下属。有着“现代管理学之父”之称的彼得·德鲁克曾多次撰文谈过责任的重要性。在《管理实践》一书中，彼得·德鲁克多次谈到“责任”两个字；在《管理：任务、责任、实践》这本书里，他还多次指出，管理就是管理任务、承担责任、勇于实践，而承担责任则是管理的核心。

A公司是中关村比较有名气的公司，它不仅有着便利的地理位置，而且销售的是国际知名品牌——戴尔公司的笔记本电脑，生意非常火爆。

该公司的销售流程是这样的：如果有客户需要笔记本电脑，他们会先把笔记本电脑寄过去，然后再快递发票。

2013年6月2日，该公司销售部经理李强吩咐店员刘欣，让刘欣打电话叫快递公司送20台笔记本电脑的发票给位于国贸的B公司财务部总监张宏。

刘欣先和李强确认了B公司的具体地址和他们财务部总监张宏的姓名，然后打电话叫快递员过来取快件。5分钟后，给B公司财务部总监张宏快递20台笔记本电脑发票的事情就处理好了。

然而，两天后，张宏却打电话跟李强说，他没收到20台笔记本电脑的发票，并让李强查询一下快递公司。

李强放下电话，马上询问刘欣有没有快递20台笔记本电脑的发票。

刘欣说这些发票已经按照他给的地址寄出，并拿出快递回执单证明。

李强对照了快递回执单和自己给出的地址之后，马上意识到是自己把地址搞错了，但是李强却说：“小刘，你一个女孩子，做事情一点也不细心，地址错了怎么都不告诉我?”

刘欣不知所措地回答道：“经理，我邮寄之前跟您确认过地址，当时您说是正确的。”

刘欣的话还没说完，李强就批评道：“推卸责任，狡辩！小刘，你这样做可是不行的!”刘欣知道，再怎么解释也没什么用，只好委屈地说：“经理，我知道‘错’了，以后一定改正。”

“这就对了，小刘，工作就应该像你这样，要勇于承担责任。”李强得意地说。

事例中作为领导的李强犯错后，把责任推给了下属。更为荒唐的是，他明知道自己做错了事情，居然还训斥并教导自己的下属要“勇于承担责任”。这不仅体现了他作为领导责任意识淡薄，也让周围人对其人品评价大为降低，很不利于今后的发展。

李强的做法在目前的企业中还是相当普遍的，似乎领导在做错事后就不应该承担责任。这样的行为必须要引起重视，因为时间一长，下属也会效仿领导拒绝承担责任。这样就会形成一种“谁都不承担责任”的企业文化，从而使企业的所有员工都对企业“不负责任”，都把责任推卸给其他人。

当企业的所有员工都“不负责任”时，这样的企业也就不可能真正为顾客着想，因而也就不可能生产出顾客真正需要的产品，最终被市场抛弃。一个逃避责任的领导肯定是一个缺乏大局意识的人。因为下属是奉领导的命令去执行任务，若最终结果南辕北辙，肯定是领导的决策有误或者监督不够。作为领导，我们必须勇于承担责任，不仅要承担自己犯错后的责任，更要主动承担下属犯错的责任。

◎不是尽力而为，而是一定要完成好◎

既然是工作，就不能只是尽力，因为当你表示尽力的时候，你就很难发挥自己的潜力。你必须要对自己说：“我一定能完成任务。”只有这样，才能证明你是真正地为大局着想，为企业着想。

扪心自问，作为一名领导，在执行老板交代的任务时，你是否抱怨过缺乏完成任务的条件呢？面对看似不可能完成的任务，你是否想过放弃呢？而每当你想放弃或者没有成功完成任务时，你是否又给自己找借口自我安慰呢？

以上的任何一种行为，都会阻碍自己成为一个好领导。

作为一名领导，合理的安排你要接受，不太合理的要忍受，并且还要表示不是尽力，而是一定能做到。或许很多领导都会觉得委屈，甚至不甘心，因为条件的欠缺和不成熟是客观事实。没错，客观事实是存在的，但同时方法也是存在的，我们要做的就是在困难中找方法，创造条件，坚决完成任务，而不是找借口。

陈明是公司新来的主管，但由于做事不认真，遇到问题总爱寻找借口，最后被老板给辞退了。起初，老板对他的印象还不错，学识好，年轻有为，但是没过多久，陈明就开始迟到，领导一问起来，他就用这样或那样的借口来为自己辩解。

一天，老板实在找不到人了，就叫他分别去一所大学的三个部门送一份重要的文件，可是他花了半天的时间，却只送出了一份。

领导问他怎么回事，他解释说：“这所学校实在太大了，我问了好多人，才找到了一个地方。”

领导很不满，生气地说：“那三个部门都是有名的部门，怎么会找不到呢！这么简单的事情，你都办不到，现在还找借口。”

陈明继续解释说：“我真的跑了很多地方，并且问了好多人，就是没有找到，不信你去问传达室的人。”听到方明这话，老板就火了，心想，如此简单的事情，做不了认个错就是了，还找这么多的借口，最后还让我去核实，这像什么话？

有个同事给陈明支着：“你可以先打该大学的电话问清楚那三个部门的电话，然后再问具体的路线；还有一个办法，既然你已经找到了一家，不妨跟对方打听你接下来要去的两个地方怎么走；校园那么大，你问问老师和同学也许比问传达室更有用。”

陈明还不领情，反而气鼓鼓地说：“我已经尽力了。”

就在这一瞬间，老板决定把方明给“炒”了。这么简单的事情都办不好，还找各种各样的借口，怎么能得到信任和重用呢？相反，给出主意的那位下属却得到了领导的赏识，老板看好他有成为一个好领导干部的潜质。

工作没有完成，应该做的是努力去承担责任，而不是想着如何寻找借口逃避责任。很多时候，摆在我们面前的不是一件很简单的事，但也并不是一件完成不了的事。我们完成不了，是因为我们仅仅只是表示要尽力去完成。当你表示对工作只是尽力而为时，那么你就很难战胜自己，超越自己了。

小张是一家小报社的副主编。有一天，上级让他去采访一位声望很高的文坛前辈，而且必须要拿到独家新闻。得知小张接了这个任务后，很多人都对他叹气，因为在他们看来，这是一项不能完成的任务。

小张得知这位文坛前辈将参加一个新闻发布会，于是开始到处托人给自己安排一下独家专访的时间。但是，他的关系网里找不到能把这事办好的人，情急之下，他只好决定去新闻发布现场寻找机会。

新闻发布会开始后，小张一直认真观察这位文坛前辈的一举一动。希望能想出办法争取单独采访的机会，哪怕只有几分钟也好。

很快新闻发布会就过去了一半的时间，小张还没有任何头绪。这时候，小张突然发现一个细节，就是坐在台上的文坛前辈每过一会儿就喝几口水。小张就想，他这么频繁地喝水，总有上厕所的时候吧！拿定主意后，小张就起身往厕所走去，准备“守株待兔”。

果然，没过多久，文坛前辈出现了。

小张惊喜地赶紧冲上去，把想好的问题一一向文坛前辈提出，文坛前辈也非常配合地一一作答。随后，小张则马不停蹄回到了报社，把新闻稿写好，在第一时间发了出去，抢在了所有媒体前面成功地完成了这次艰巨的任务。

做任何事情都不要想着只要尽力就可以了，而是要想着我一定要做到，我一定能完成。做任何事业或决策之后都可能会遇到许多不曾想到的困难，特别是在竞争激烈、发展迅速的现代社会，但并不是说，没有解决的办法。

要知道，办法总比困难多。人们从事某种活动，在同样的条件下，是否全力以赴，结果是不相同的。只要接了任务，领导干部必须要有强烈的责任感，不要用尽力的心态去对待工作，而要用“我一定做到，我必须能做到”的心态去工作。

◎把权力下放，让他人一起分担责任◎

一个顾全大局的领导干部，绝对不是把所有的工作全部揽下，而是把99%的工作让下属去完成，自己去做那必须由自己完成的1%。因为领导干部的主要职责就是授权，让大家跟自己一起分担责任。

作为领导干部，必须要拥有一种能力，那就是授权。很多领导在授权的时候会问自己很多问题，比如，他会按我说的做吗？他能实现我的想法吗？说得直接一些，领导不肯授权的主要原因是很难做到相信别人。但是你要明白，你不是超人，即使你的精力再旺盛，也很难做到一个人顶两个用。

张兴宝是一家公关公司的经理，他每天要面对数不清的文件，还要经常接待客户。他经常抱怨，说自己要多长一双手或多长一个脑袋就好了。很明显，张兴宝已感到十分疲惫了。曾经他也考虑过添加个助手，或者将权力下放给下面的客户部负责人和媒介部负责人，可最后还是刹住了自己的一时“妄想”。因为他认为，这样做的结果只会让自己多看两份报告，与其如此，还不如自己亲力亲为。

上至公司中层管理，下至普通员工，都知道经理将权力掌握在自己手中，公司每项工作都需要经理的安排，所以他们每做一件事都在等待着经理下达指令。于是，公司里常常出现这样一幕场景：张兴宝刚走进办公室，门口就有好几名下属排队等候他签字，或者请示。

终于有一天，张兴宝忍不住了。他告诉几位中层管理者，让他们自己拿主意，尽量不要凡事都找他。刚开始，大家都不习惯，因为他们已养成了奉命行事的习惯，而今却要自己拿主意、作决定，他们有点不知所措。但这种情况没有持续多久，公司开始有条不紊地运转起来，下属们的决定非常及时并准确无误，公司几乎没有出现什么差错。

张兴宝也开始真正有了“一家之主”的感觉，这时他才体会到自己是公司的经理，而不是个什么事都包揽的“老妈子”。

从上面的事例中，我们可以看出高度的集权管理只会使领导筋疲力尽，使公司运行缓慢。好在，故事中的张兴宝终究还是“开窍”了，他大胆下放自己手中的大部分权力给各主管以及每一个员工，给他们充分发挥自己优势的机会，结果令他担心的状况非但没有出现，反而每个人都可以各显其才了。

电影《杜拉拉升职记》的故事也能很好地说明这一点。

起初，杜拉拉在玫瑰手下工作时，事无巨细都要一一请示汇报，然后才能去执行。这样的结果就是杜拉拉做起事来瞻前顾后，缩手缩脚，工作能力也没有明显提高，为此她郁闷不已。

待到玫瑰暂时离开公司后，杜拉拉直接归李斯特管理。李斯特的管理方法很人性化，进行一项工作前，杜拉拉只要和他进行简单的沟通，他就放手让拉拉去做。在这样的管理下，杜拉拉充分发挥了主观能动性，工作能力大大提高，成为李斯特的得意干将。

在我们身边像李斯特这样的领导并不多见，相反，像玫瑰一样喜欢大权在握的领导却并不少见。这样的领导或许认为凡事只有自己插手才放心，才能做好。实际上，这种做法对于下属及整个团队的成长极为不利。对下属来说，就像杜拉拉在玫瑰手下一样缩手缩脚地工作，这样的局面下，即使有才能也未必施展得出来。而团队是由一个一个下属组成的，如果大家都这样，团队还有什么发展可言？

另外，领导们也需要清楚，一个人的精力是有限的，成功的人能在有限的精力内做出无限的业绩来，而事必躬亲的领导虽然把有限的精力耗光用尽，收获却往往少得可怜。作为一个合格的领导，一个真正具有大局意识的领导，正确的做法就是把权力下放，让下属跟自己一起承担责任。

有专家曾发表过这样一份资料："管理者80%的工作都是可以授权的，诸如日常事务性工作、具体业务工作、专业技术性工作、代表其身份出席的会议、一般客户的接待，等等。管理者本人只需做诸如企业发展战略决策、重要工作目标的下达、人事的奖励与惩处和员工的规划与晋升等20%的工作。"

总而言之，作为领导，应该以身作则，但不必事必躬亲。否则，自己忙得不可开交不算，下属也得不到应有的锻炼和成长，企业的发展也必将受到很大局限。既然授权、放权如此重要，那么，领导干部们该如何授权呢？

1. 信任是授权的前提

俗话说，用人不疑，疑人不用。举个例子，当一个老司机坐在一个新手的车里时，往往比新手还要紧张，不是担心对方方向盘掌握得不好，就是担心对方油门踩得不好。而同样的问题也存在于教练和学生中间。然而，不给新手亲自开车的机会，新手又怎么能变成老手呢？因此，当领导给下属授权时，应当充分信任下属，这样不仅能增强下属的信心，提高成功率，还能让下属有被重视的感觉感，避免愤怒、厌烦等不良情绪的产生。

2. 选好对象

有效授权最关键的一步，就是要选择一个正确的授权对象。在授权之前，领导要对自己的下属进行细致的考察和分析，包括每个人的特点、优点和弱点等，应该将权力授予那些品德好、能力强的人。

3. 明确目标

亚里士多德说过："要想成功，首先要有一个明确的、现实的目标，一个奋斗的目标。"授权行为也是如此。在授权的过程中，必须要让下属明确了解自己所期望达到的目标，并告诉下属，怎样做或用什么方法去执行才能达到这个目标。授权后不需要时时监督，更不需要用自己的方式去影响被授权的下属，除非下属主动向你求助，作为领导者，你只需在必要时给予下属一些相应的指导就可以了。

4. 授权不授责

授权并不意味着将责任完全推给下属之后就可以撒手不管了。作为领导者，要保留对这项工作的知情权和控制权，同时还要为下属承担一部分责任。要知道，即使你把这项工作和权力完全交给了下属，也并不意味着结果的好坏与你无关，领导永远都是最终的责任者。

◎同事的失误，领导干部也有责任◎

责任并不是孤立的，责任并不是让人们自扫门前雪。公司是一个集体，只有公司里所有的人友好地协作、互相承担责任，公司才能有所发展。

很多领导者认为下属做错了事情，自己有责任，而同事做错了事情，自己没有责任。

如果有人质问他们，为什么同事犯错你就没有一点责任呢？

他们或许就会这样说："我跟他们之间的工作，没有任何一点交集，他们做他们的，我做我的，我能有什么责任?”其实，同事犯错，你也有责任，因为你们在同一家公司上班。公司的利益遭受到了损失，势必也会影响到你的利益。

在职场当中，同事是你的伙伴和搭档，你们的工作成果最后决定着整个企业的发展。在工作中，同事遇到了困难，也等同于你遇到了困难，你不能幸灾乐祸，也不能袖手旁观。为同事承担责任，他们会因此而感激你。当你需要他们部门配合的时候，人家肯定会鼎力相助。领导干部看问题一定要看得全面、长远一些。

张兵是一家大型滑雪娱乐公司的保安。

一天晚上，张兵值班到深夜的时候，忽然听到造雪机的方向有点不对劲，于是他就走了过去，结果发现一台造雪机喷出的全是水，而不是雪。他知道这是造雪机的水量控制开关和水泵水压开关不协调所致。他急忙跑到水泵坑边，用手电筒照着检查，发现坑里的水快漫到动力电源的开关口了，若不赶快阻止水继续漫溢，将会发生动力电缆短路。这种情况将会给公司带来重大损失，甚至伤及人的性命。

张兵来不及多想，不顾个人安危，迅速跳入水泵坑中，摸索着控制住了水泵阀门，防止了水的漫溢，然后顾不得换下水淋淋的衣服，又找来工具把坑里的水排尽，重新启动造雪机开始造雪。当同事赶来帮忙时，一切都已经处理妥当，他也连冻加累，浑身颤抖得走不动路了。

公司总裁闻讯，下令连夜把张兵送到医院诊疗，才使他没有落下什么身体上的伤残。事后，张兵受到了公司的表扬和嘉奖。不久之后，张兵就从保安变成了公司的内部员工，半年之后，当部门经理的职位出现空缺时，他便成了填补空缺的那一个。

造雪机出现问题了，是张兵的责任吗?即使他有责任，他的责任只不过是赶紧通知别人去找修理工，毕竟他只是一名保安。可以说，造雪机出现的问题跟他没有多大的关系。但如果他置之不顾，肯定会让公司损失很大，因为他发现问题的时候，已经很严重了，如果不赶紧处理的话，后果不堪设想。即使不是他的责任，但最后老板责怪下来了，他也难逃干系。

但张兵顾全大局，主动把责任揽了过来，积极地想着如何解决问题。这应该就是他为什么没有学历，也没有什么技术依然能成功的原因所在。

一个人要想被老板重视，首先就得告诉自己，对待工作没有任何借口，别人的错误，自己也有责任。只有顾全了公司大局，我们才能真正地得到老板的重用。

小张是一家机械制造厂的员工。他工作很认真，生产出来的产品几乎没有发生过任何质量问题，老板很喜欢他。尤其难能可贵的是，他还能在工作中指出同事的失误，并且在短时间内帮助他们改正，他们因为及时地改正了错误，不仅没有受到老板的责骂，还因为所在的生产线生产的产品质量最好而得到了老板的表扬。年终的时候，小张由于受到同事们的推举，成了车间主任。

跟小张一起从农村出来打工的朋友问他，是什么原因既能得到老板的喜欢，又能得到同事们的爱戴呢？他不假思索地说："在工作上，我常把别人的失误当作自己的失误来对待，这样我肩上的责任大了，做起事来就会扎实认真。我帮助了同事，老板也因为我能当他的义务监督员而更加重视我。"

把同事的失误当成自己的失误来对待，这样看起来似乎在自找苦吃，其实不然。同事的失误，看起来好像跟自己一点关系都没有，但实际上这正是个锻炼自己的好机会。当形成这种观念的时候，我们就会有一种压力，促使自己去帮助同事，因此在单位中，任何事情我们都不会是一个旁观者，而是一个执行者。

那么作为企业的领导干部，具备这种观念就更加重要了。因为现在很多工作都必须要其他部门一起来完成，如果在工作中发现了对方的错误，并及时地帮助对方改正，那么对方一定会用感激来给予回报。

德国有一家规模不是很大，但是名气很响的电动机生产公司，他们的产品在欧洲占有很大的市场。欧洲合作组织曾经对这家公司进行过一次质量调查，发现该公司的产品是欧洲合格率最高的。

经过调查得知，这跟该公司的一条生产制度有着直接关系。公司的制度中明确规定，不管谁生产的产品出了质量问题，所有员工的工资都要扣除1马克。这条制度看似不近人情，但却迫使所有员工明白，同事的失误他们也有责任，结果工作的时候，大家都互相帮助，尽量让每一个人都少犯一点错误。

你所在的企业可能没有事例中公司苛刻的规定，但是他们的那种意识是我们应该拥有的。不纠正同事的错误，同事犯错后，你心里甚至还嘲笑他，虽然你不太可能因此而失去一份工作，但可以肯定的是，因为你缺乏足够的责任意识将使你很难再有升职加薪的机会。

中国有句古话叫作“众人拾柴火焰高”，倘若你的一个同事放进去一块湿木头，很有可能使火熄灭。同事的失误，就像这块湿木头，我们要及时地把它挑出来，否则，包括我们自己在内的所有人的工夫都白费了。

说到底，不想下岗，就必须纠正同事的错误。在职场中，要想升职加薪，成为企业里不可替代的人才，我们必须要有全局意识，把同事的责任当作自己的责任，把同事的错误当作自己的错误。

◎帮助下属化解烦恼，提高工作效率◎

领导的成就主要体现在下级和员工之中，每一个下级和员工的成就都有领导的一部分。让下属少一点干扰，少一点烦恼，他们取得了成就，作为领导的自己才能有所成就。

俗话说，领导有领导的难处，下属有下属的难处。作为领导干部，要承受许许多多的压力，其中包括上司给予的压力、同事给予的压力以及下属给予的压力。

若想成为一群人的上司，带领他们创事业，那么，我们必定要有过人的管理技巧，比他们看得更远、更全面，否则就只能空自吆喝而没人响应了。当下属在工作上有烦恼的时候，领导干部有责任帮助他们化解烦恼。要知道，我们的利益和下属的利益是联系在一起的，他们成功了，我们才能成功，而我们工作的主要责任就是如何管理下属和领导下属工作。实际上，帮助下属化解烦恼，也是在化解自己的工作压力。因为只有下属少一点干扰，少一点烦恼，他们才能发挥出其本来的能力。

陈莉是个大学刚毕业的新老师，由于她对新的教育理论有较新的研究，讲课很受学生们的欢迎，所以很快就被提拔为教研室主任。这个位置是很多任教多年的老教师们梦寐以求的。想想看，人家熬了一年又一年，就想着有一天能获得一官半职，结果到头来梦想不仅没有实现，还成了一个黄毛丫头的下属，心里怎么会平衡呢？

为了缓和这种矛盾，陈莉在一次教职工全体大会上说道："我的教学经验不足，对学校和学生的情况也不是很了解，以后还需要各位前辈们多多指教。"陈莉说的不是场面话，她确实是这样做的。工作的时候，她总是很尊敬这些老教师。慢慢地，这些老教师对她的态度改变了。

领导必须正确地对待下属，学会与他们交往沟通，视下属为自己的得力助手，让下属抛却一切烦恼，轻装上阵，这样才能把工作顺利地完成。身为领导干部，只有主动地认识与解决下属的个人问题，才能有效地利用人力资源，化解自身的压力，并促使公司里的员工产生凝聚力。

帮助下属化解烦恼，其实就是顾全大局的一种表现。现在很多企业经常要开展一些活动，除了让员工更加团结之外，还有一个原因，就是给领导干部提供机会，解决下属们的烦恼。而领导要想化解下属的烦恼，首先就要与下属进行心灵的沟通，也就是说要先了解下属的烦恼症结所在。只有这样，我们才能对症下药，然后才能药到病除。当我们这样做的时候，要注意以下两点。

1. 使用恰当的关切语言

为了让下属对自己产生一种亲切感，很多领导干部采用请吃饭这种方式。比如有一个领导干部觉得某个下属最近工作不怎么积极，好像有心事，于是到了下班的时候就走到该员工身边，亲切地对他说："小张啊，最近大家工作都很忙，我也没有时间请你吃饭，要不，今晚我们一起出去吧！我还有一些事情要跟你谈谈。"

在吃饭的时候，领导就可以询问下属工作中遇到了什么问题。另外，对于下属的一些个人私事，不该问的最好别问，以免引起下属的反感反而增加其压力。

2. 选择合适的环境

合适的环境也是非常重要的一点，如果你选择在下属工作的时候进行交流，那么很可能会影响到其他下属的情绪，并且当事人心里也不会有安全感。因此，你最好选择一个让员工有安全感的地方，例如在一个无人的房间或办公楼的小花园，这样你与下属沟通时就不会受到干扰，让他轻松自在地说出心中的烦恼。

在了解下属的烦恼症结以后，要对症下药，尽自己最大的努力帮助下属解除烦恼，与他一起渡过难关。身为领导干部的你必须明白，下属是你的同路人、你的依靠，更是公司内部不可缺少的一部分，只有他们成功了，你才能成功。只有帮助他们化解烦恼，才能团结他们，共同为公司的发展而努力。

第十一章 ／ 用压力来检验

人们常说“有压力才有动力”。从某种意义上说，压力是动力的来源，从一个领导干部是否敢于承受压力，可以看出他勇于拼搏、甘于奉献的信念有多强，他的责任心有多强。

◎很多时候，压力是动力的源泉◎

中国古代大思想家孟子说过:“天将降大任于斯人也。必先苦其心志，劳其筋骨，饿其体肤，空乏其身，行拂乱其所为，所以动心忍性，增益其所不能。”这句话对压力作了最好的诠释。

在工作中，你或许会觉得压力过大，或许认为正是这些压力阻止了自己的成功。但是，如果你抱着一种积极的态度看待它的话，那么它就会成为一种动力。事实上，悲观对我们来说于事无补，唯有改变这种消极悲观的人生态度，以积极乐观的思维来看待压力，压力才能成为推动我们事业发展的重要因素之一。

职场中，总有些人得过且过，不思进取，主要原因有两点：一是没有进取心，缺乏工作的动力；二是没有压力，能拖就拖。针对这一特点，领导一方面应当改革机制，对于积极进取的员工进行奖赏，以激励员工努力工作，积极创新。另一方面，领导可以施加压力，“逼”出人才。其实每一个人都能做得比现在更好，关键是看他有没有一个“逼”他成才的领导。

压力能体现出我们对工作的责任心，因为压力的本质就是责任感。为了获得预期的成功，我们就必须承担相应的责任；为了把工作做得更好，我们首先就要把压力转化成必需的动力。

有一个电子厂，领导只规定了每月的最低产量，他们的目标产量由每个小组自己确定，其中有一个小组确定的目标是别人的两倍。

其他小组知道了这个小组的目标后，都不相信该小组真的能完成这么多的产品，工厂的领导同样也不相信。可是一年过去了，人们发现这个小组生产出来的产品确实是其他小组的两倍还多，其工作效率远高于其他小组。工厂领导在惊叹他们的工作效率如此之高时，马上决定给这个小组的成员发放比其他人多出四倍的奖金，并号召其他组向他们学习。

有些下属并不是没有能力，而是由于没有压力，懒散成性，凡事做得差不多就觉得可以了。对于这样的下属，领导者一定要施加压力，一来可以提高工作效率，二来可以满足部下个人的成就感，一石双鸟，成绩斐然。

工作是培养人才的动力，忙碌则是培养人才之母，冗员太多的单位，三个人当一个人用，大家整天无所事事，懒散的气氛互相传染，这样非但不能造就人，反而使人才变为庸才，加速了人才老化。

王经理的秘书班子原有4人，由于公司采用了现代化办公设备，使原有的工作量大大减少。由于没有了工作压力，大家就都不思进取，得过且过了。

于是4个秘书把任务互相推诿，彼此间也明争暗斗，互不配合，这样一来反而使本来就不多的工作被延误了很久。

在这种情况下，王经理当机立断，将其中3人调到人员相对缺乏的人事部。如此一来，剩下的一人因为压力太大，不得不每日忙于工作，把工作处理得井井有条，业务能力不断提高。其他人由于有了新的职务，工作热情大增，再也无心相互争斗了，于是整个公司的面貌大为改观。

一个和尚挑水喝，两个和尚抬水喝，三个和尚没水喝。为什么三个和尚没水喝，是他们缺乏压力，缺乏顾全大局的意识。有些人在谈论自己工作的时候，会因为没有压力而沾沾自喜，但我们不难发现，这些人都是一些平庸之辈。“玉不琢，不成器”，如果没有压力的磨炼，再好的一块璞玉也会变得昏暗无光。要想成就一番事业，不可能永远顺风顺水，我们必须顶住压力激流勇进，逆风而上。当我们迎难而上的时候，沉重的压力也就变成前进的动力。

压力就是动力，比如汽车内燃机就是通过汽油燃烧产生的压力推动活塞运动，从而带动汽车行驶。人也是如此，正是因为工作压力，才会产生工作动力。有一位杰出的企业家还曾说过这样一句话：“目标在前面牵引着我，而压力在后面推动着我，所以我不得不前进。”这个比喻实在非常恰当，压力就是一种推动力，推动着我们不断地前进。

美国陆军上将巴顿将军就非常清楚压力的作用。第二军在卡赛林山口战役遭受惨败之后，巴顿就接任了军长之位。

巴顿临危受命，表示自己只需要10天的时间就可以把这个常败之师整顿成王牌军。

很多人认为巴顿是在说大话，因为第二军纪律松懈已久，再加上刚打了败仗，士气低落。但是，巴顿雷厉风行，制定了很多严格的规章制度。

为了给官兵施加压力，他甚至采取了“不民主的以及非美国的方式”，很快，这支部队一扫过去那种松松垮垮的拖拉作风，精神面貌发生了巨大改变。也正是因为如此，第二军的战斗力得到空前的加强，成为“二战”中美国的王牌军队。

一个人没有压力，就谈不上对企业有多大的贡献；一个人没有压力的推动，就没有对伟大目标的向往，也就不可能取得非常大的成就。领导必须要给下属们一点压力，当部下的每一个人都有事可做的时候，他们才会想着如何才能把工作做得更好，整个企业才会呈现出一片繁忙且生机勃勃的景象。当然，压力必须适度。总之，压力是不可避免的，要想在职场中实现更大的自我价值，我们就需要主动地给自己一些压力。

◎压力，让潜能得到更好的激发◎

一个顾全大局的领导需要用各种方法，给下属一些压力，迫使他们面对困难、挑战极限，这是团队成长的关键，也是一个领导证明自己是个杰出人才的方法。

不知道大家有没有发现一个很有意思的现象：一个人在没有任何压力的状况下，很难做好任何事情，但是只要有点压力，他就可以不断地战胜自己。也就是说，其实世界上的每个人都能成为很优秀的人，关键在于他有没有一点压力。

潜在的智慧是通过不断与困难作斗争而获得的，古往今来，几乎所有伟人都经历过艰难困苦。可以说，没有一点的压力就想取得一定的成就，无异于白日做梦。

诺曼·考辛斯是加州大学洛杉矶分校医学院精神及行为科学系的一位副教授。

在他39岁的某一天，他去一家保险公司购买人寿险，但由于做心电图发现冠状动脉有阻塞症状之后遭到保险公司的拒绝。医生对他说："现在，你最多只能再活一年半了，而且必须辞掉工作，别参加任何体育活动，整天待着不动才行。"

也许大多数人听到这个消息后都会萎靡不振，但是考辛斯认为自己不会死。几年中，他刻苦钻研创造了医疗自身疾病的处方，以维生素C、肯定的思想、欢乐、信仰、幽默和希望配合着使用。就这样他奇迹般地活了7年。

这时，医生又告诉了他一个不好的消息，说他患上了另一种致命的疾病——僵化脊椎炎，这是一种会引起脊椎骨与关节相关组织逐渐分解的疾病。

考辛斯再一次为了自救而设定计划，他服用大量的维生素C并采用"幽默治疗法"，有计划地看搞笑电影，看詹姆士·沙伯和罗伯·班奇里的喜剧作品。他又神奇地活了下来。

可见，人的潜能是无限的，一个有目标、有理想的人，总是给自己施加一点压力，促使自己去完成目标。对于现在的企业来说，最大的困惑就是企业的领导感到的市场压力非常大，而有些员工却没有感到压力或感到压力不大，于是三天打鱼，两天晒网地混日子。如果企业能让员工感受到一点压力的话，那么员工们肯定会想着如何才能提高工作效率，如何才能把工作做得更好。

很多外出打工的人，在他们刚踏上拥有自己梦想的那块土地的时候，既没钱又没朋友，并且学历不高。是贫困的压力激发了他们内在的潜能，召唤出了他们的智慧，为生存、为发展而努力，最终获得富足的生活和优越的地位，这让无数有钱财、有机会并受过良好教育而无成就的本土青年羞愧得无地自容。

一个生长在优越环境中的人，常依赖父母而不能自食其力的人，从小就被溺爱娇惯的人，是很难取得一番作为的。试想一下，假使一个人不被生活逼迫着去工作，他将怎样呢？假使不用劳动，就可以想买房就买房，想结婚就结婚，他将怎么样呢？假使他已经得到了所要的东西，他还肯奋斗吗？

生活需要一点压力，工作需要一点压力，我们应该感谢压力，并主动地给自己制造一些压力。因为压力能激发我们巨大的潜能，让我们在追求成功的路上充满激情、充满动力。

传说古时候，有一个国王长得十分丑陋，很多人都很怕见到他，除此之外，他还有一只眼睛是瞎的，一条腿是瘸的，而且性格还非常古怪。有一天，他召集全国所有的画师来为他画像，并发话说：谁画得令他满意有赏，不满意的就要被杀头。

有一个画师想："国王的威严谁也不敢冒犯！尽管国王长相丑陋，我还是把他画得漂亮一些吧。"于是，他画了一张画像呈献给国王，画上的国王不瞎、不瘸、不丑，威严无比。

国王看后，勃然大怒道："你就是一个弄虚作假、阿谀奉承的小人，留着何益，来人，拉出去斩首!"就这样，这个画师被杀了。

有个画师想："既然国王不喜欢虚假，那么就如实地画吧。"这个画师又画了一张画像呈献给国王，这幅画上的国王瞎着一只眼，瘸了一条腿，又老又丑，没一点一国之主的威严形象。国王看后，怒火中烧，大喝道："你——你——竟敢丑化国王，冒犯天威，来人，拉出去斩首!"

画师们见此情景，个个吓得魂不附体，谁也不敢再冒险为国王画像？但如果不画，肯定是不行的，照样会被杀的，正在众画师为难之时，人群中走出一个人来，他双手呈上一幅画像给国王。

国王一看这幅画像，不禁连连称叹，并将画像赐给群臣观赏。

这是一幅国王狩猎图，国王一条腿站在地上，一条腿登在一块飞石上，睁一只眼闭一只眼，正在举枪瞄准。这幅画实在太妙了，既没有把国王的丑态画出来，又体现出了国王的威严，百官惊叹不已，画师们更是啧啧称赞，自叹不如。国王赐给这个画师千两黄金作为奖赏。

故事中这位聪明的画师，正是在压力的“逼迫”下，完成了一幅绝妙的作品，获得了国王的认可。试想，如果不是国王的威逼，也许画师很难产生这样的灵感。

反观职场，一个具有大局意识的领导干部，不仅需要给自己一点压力，还要给下属们施加一点压力。没有一点压力，人们就会变得越来越懒散，最后一事无成。

虽然员工在压力下工作，会遇到更多的困难，但他们从挫折和失败中学到的东西会比从成功和顺利中学到的还要多，每一次的挫折和失败都是向目标迈进了一大步。

◎用压力引导一个良性竞争的风气◎

人是社会的产物，社会是一个集体。在职场当中，公司就是一个集体，现代企业竞争得非常激烈，要求每一个公司都必须具备良好的竞争力。因此，作为领导干部，我们需要给自己压力，并且还有责任用压力来引导一个良性的竞争风气。

领导干部的工作责任有很多，上面我们谈到的就有为下属安排工作，解决下属们的烦恼，等等。不过，还有一些责任我们没有谈到，其中一个就是要用压力引导一个良性竞争的风气。

在一个良性竞争的环境里，员工们才能全心全意地为企业付出，并创造出出乎意料的成绩。

通常情况下，那些精明的领导干部都会鼓励企业内部员工之间的良性竞争，因为这样的竞争有助于领导实现不断提高利润的目的，而且员工之间有序的良性竞争也是企业获得持续发展的重要基础。

在印度有一家天然橡胶公司，割胶工人们工作都非常懒散，只能勉强地完成公司规定的任务。为了调动员工们工作的积极性，公司想出了一个办法，把每天每人割胶的产量分为两个档次，一部分人能拿到更多的工资，而一部分人的工资将会减少。

没过多久，公司局面大为改观，产量很快就提高了数倍，因为没有人愿意落后于他人，同事间的竞争直接影响到他们的收益。

由此可见，用压力引导一个良性竞争的风气是顾全大局的一种体现。良性竞争的氛围，对企业员工的个人发展来说具有举足轻重的意义。在时刻都强调发展和进步的企业中，如果你足够冷静和聪明，就会很容易地发现，你的下属们时时刻刻都在努力向前发展。当你前进时他们也在不遗余力地向前迈进，当你停下脚步时他们仍然毫不懈怠地保持进步。

现在很多企业都用“竞争上岗”这一用人方法，就是依据这一道理。在公司当中，通过竞争的手段，淘汰一批不合格的员工，而留下那些优秀者。在这种竞争机制下，总会有优秀者胜出、拙劣者淘汰的现象，虽然有些残酷，但这却是公司得以持续发展的关键，也是激励人们不断前进的重要手段。

英特尔公司是全球最大的半导体芯片制造商，它成立于1968年，具有44年产品创新和市场领导的历史。我们在观看其他一些比较出名的企业的历史的时候，总会发现这些企业都曾多次面临破产的危机，但是英特尔公司却很少发生这样的事情。主要原因就是英特尔这家企业各方面的灵活性非常高。

一家企业发展的具体情况怎么样，一定跟该企业的员工有很大的联系。英特尔公司的每一个员工都会感觉到一定的压力，他们不断地进行着“自我淘汰”。该公司的任何人都不满足自己已有的成绩，在每个人的意识深处，只有创业，没有守业；只有进取，没有退缩，谁要是守业就要被严酷的竞争所淘汰。

在英特尔，人们的竞争已经上升到了精神的竞争，每个员工的心中都装着神圣的英特尔事业，并不断进取，不断创业，让英特尔始终立于不败之地。

良性竞争最明显的体现方式，就是每个员工都感到自己被公平对待。他们对自己所承担的责任以及公司给予的报酬都心服口服。只有让他们感觉到公平，认为命运是掌握在自己的手里，他们才愿意使出浑身解数、发挥最大能量为企业服务。

和英特尔类似，美国最大的邮政快递、物流跨国公司——联邦快递，也一直秉承着这种公平竞争的精神，让所有员工都能感到自己被公平对待。他们通过严格的制度让员工来评判自己的管理者，以保证领导者的公平。

联邦快递制定了严格的制度，以严格训练和密切监督每一位管理者为切入点。每一位管理者每年都要接受上司和下属的全方位评估，如果一位管理人员连续几年所受到的评估都低于一个预定的数值，那么等待他的只能是降职或者解雇。

员工们每年会收到一份调查问卷，问卷里面一共有29道题，其中前10题都与其直接主管有关，比如“主管做事公平吗”等问题，接下来的问题一般会涉及直属上司的管理态度。

公司在收回问卷后则将调查结果按不同团队做成表格，并列出各位主管的成绩。前10题的综合得分为领导指标，关系到公司300位高级主管的红利，这一部分可高达资深主管底薪的40%。如果某位主管的领导指标不合格，就拿不到这笔红利。联邦快递的这项制度对所有主管而言就意味着他们必须要引导一个公平的风气。

企业需要一个公平竞争的环境，要能够建立起完善的制度，对表现好的员工能够及时表彰，而对工作表现欠佳的员工能够迅速处理，这样就能极大地满足员工的心理需要。对员工而言，很多时候，心理上的满足要远远高于物质上的满足。领导者只有公平地对待每一位员工，引导他们进行良性竞争，才能推动企业不断发展，为企业带来无穷的活力。

◎敢于挑战压力的人，才值得培养◎

企业要想发展得快，就需要培养一批顾全大局的人才。那么什么样的员工才值得培养呢？其实很简单，就是那些敢于挑战压力的人。

一个真正具有大局意识的人，肯定是一个不畏困难，具有强大抗压能力的人。而这些人也是所有企业最渴望得到的人才，即使他们暂时的能力不是很强，但是只要他们在公司需要自己的时候敢于挑战压力，挑战困难，那么他们就是企业里最值得培养的人。

年仅36岁的张杰，已经成了J集团的总经理。那么他是如何取得这么高的成就的呢？这一切还得从10年前说起。

10年前，张杰从美国加州理工学院取得计算机专业硕士学位。同一年，张杰进入了J集团。他来到J集团的时候，是想成为一名计算机研究人才，但是J集团最后安排他去做站台，因为当时J集团并不缺少研究人才。

如果是其他人恐怕都会觉得自己有点大材小用，要知道，那时，硕士是很高的学历。

J集团如此安排工作，张杰完全可以给自己找很多理由，另谋他处。但是，他却接受了公司的安排，并且还站得非常好。

后来，张杰被调到了一个研发中心，负责研发一个产品。他在这个部门做得很不错。那个时候，J集团还准备派一批优秀的人才出国培训。张杰还争取到了这个出国培训的机会。就在这个时候，J集团的总裁找到张杰，对他说："你就别出国培训了，你先负责PC电脑的营销。"

张杰说："不出国就不出国了，那就先负责PC电脑的营销吧。"结果在张杰的带领下，经过3年的时间，J集团成了国内最大的计算机生产企业之一。J集团就是在张杰为代表的顾全大局的领导干部们的带领下迅速地成长了起来。

企业要想发展得快，要想尽快缩短与国际知名企业的差距，那么就需要很多像张杰这样具有大局意识、敢于挑战压力的人才。

在困难和压力面前，很多人都会退缩，但是真正具有大局观的人却敢于直面压力和困难。一家企业只有多一些具有大局意识、敢于挑战的人，才能得以发展，同时作为领导干部自身也才能有发展。

老陈的全名当然不是叫作老陈，人们之所以这样叫他，是因为他的年龄比较大，又在这家公司工作了多年的缘故。以前老陈主要负责跑业务，深得上司的器重。但是有一次，他手里的一笔业务却让另一家公司的竞争对手抢走了，给公司造成了很大的损失。事后，他很合情合理地解释了失去这笔业务的原因——在半路上，自己的腿伤突然发作，结果比竞争对手迟到了半个小时。

其实，业务被抢走了，对于一个业务员来说是一件很平常的事，但他却因为那件事，在以后的工作中经常推卸一些比较棘手的业务，如果有比较好揽的业务时，就跑到上司面前，说脚不方便，要求在业务方面有所照顾。

老陈的一只脚是有点儿跛，那是一次出差途中出了车祸造成的，但根本不影响他的形象，也不影响他的工作。如果不仔细看，是看不出来的，但是他把大部分的时间和精力都花在如何寻找更合理的借口上。时间一长，他的业绩成直线下滑。没有完成任务，他就怪他的脚不争气。后来，他还因为脚的问题，养成了迟到、早退的习惯，在公司里影响特别不好。老板看在他是老员工的分上，请他回家休息一阵子，调整好自己再来上班。

有谁愿意要这样一个时时刻刻找借口而不去寻找问题突破口的员工呢？寻找借口，其实就是逃避压力、逃避困难。遇到困难了，给自己找推脱的借口，这首先就是一个工作态度的问题，如果不是看他是老员工，曾经为公司做出过巨大贡献的话，老陈肯定不是被请回家好好调整那么简单了。作为领导干部，我们需要挑战压力，不过，一个真正为大局着想的人光做到这些还不够，还需要去培养那些敢于挑战压力和困难的员工。

李伟是一家合资公司的普通职员，他的工作内容十分简单，负责收发和传送文件。当公司里出现比较困难的事情时，其他员工总是推三阻四，不愿去做，而这个时候，李伟却主动及时地补了上去。因为他愿意多做事，从来不叫苦叫累，事情完成得也很好，所以，上面分给他的任务也越来越多。

有些同事开始笑他，说他被老板耍，那些又累又困难的活，别人想逃都来不及，他却像个傻子一样向前冲，更何况老板又不给你增加薪水。可是，李伟对这样的议论丝毫不放在心上。他认为越困难的工作，反而更能锻炼自己，至于薪水，等到自己有更多的经验时，自然就会增加。

后来，老板注意到了他，对于他的工作态度十分欣赏。不久，李伟就被派去干一些更为重要的工作。当公司需要派人去拜访重要客户或者是参加重要谈判时，他总是老板的第一人选。就在李伟来到这家公司的第三年，公司成功上市，而李伟则以董事会秘书的身份成为公司的一个重要员工。

李伟的故事告诉了我们一个道理：解决的问题越多，得到的经验也就越多，对于自己的提升也就越有利，最后走的弯路就会越少。

不管你是企业里的一名普通员工还是一名领导干部，都要明白老板只会看你工作的结果，只承认事实，只注重大局。上班不是上学，没有老师耳提面命地教我们什么该做什么不该做，老板看的只是我们的工作成效，才不管有什么主客观原因。遇到困难的时候，我们不该逃避，要有积极面对问题的态度，如此才能更好地解决麻烦。解决一个困难，对于我们来说便是一次突破，当我们能够学到足以超越目前职位的技能和经验时，我们就拥有了更多接近成功的资本。

◎适当加压，更易促进业绩的提升◎

人都是有惰性的，人的内心都希望在一个没有任何压力的环境下工作。对于这种惰性，我们不能任其放纵。要想克服惰性，就必须给自己施加适度的压力。只有在一定的压力下，才能最大限度地发挥我们的潜能。

动力是由压力产生的，如果一个人试图逃避压力，那么他就会失去前进的动力。当然，这种压力必须是适度的，不能过大，如果压力大到了超出自身承受的最大限度，那不仅无法获得继续前进的动力，而且还会使人在巨大的压力面前丧失信心，甚至一蹶不振。

压力适度，不但是行动的最好保障，而且往往能把潜能发挥到极点，创造出令人震惊的奇迹。可以说，适度的压力是潜能之母，适度的压力能够使人们产生充足的动力。

现代汽车的创始人郑周永从一无所有到富甲一方所经历的重重苦难，使得他比一般人更深刻地感觉到压力的重要性。他在总结现代汽车的发展过程时说："韩国的资源非常欠缺，现代汽车要想有所发展的话，只有不断地逼自己。"

他又说："工业革命之所以会发源于温带国家，不是没有原因的。原因可能就是由于这些国家气候条件非常差，生活条件难，他们不得不逼迫自己去谋求一条生路。日本工业能发展得如此快，也是在地瘠民困的压力之下产生的，这也是压力所促成的；今日韩国工业的发展，也可说是在'退此一步即无死所'的压力条件下产生的。”

没有压力的推动，企业就很难生存和持续发展，对于个人事业的成长和进步同样如此。

正是因为有了竞争的压力、失业的压力、老板施加的压力以及生活的压力，我们才能更加主动地为企业创造价值，才能更加热情地迎接挑战，才能更加努力地完成任务。

压力是我们必须要有的，但前提是必须要适度。我们不能为了工作一天24小时不休息。机器可能做到一天工作24小时，但是人肯定做不到。为了更好地工作，我们必须要及时地休息。话说回来，适度的压力是推动个人事业和公司整体事业发展的必要条件。对这一点，很多人都深有体会。比如有一项任务你拖了很长时间都没有完成，你不是不想马上完成，只是很难静下心来做，后来却发现每当被上司催促的时候，或者在上司规定完成任务的时间非常迫近的情况下，就能很容易地找到解决的办法，而且通常在这种时候工作完成得又快又好！

所以，作为领导干部，在给下属布置任务时，要规定一个完成期限。而那些办事效率高、工作业绩出色的优秀员工往往会把上级规定的完成期限提前一段时间，于是在时间的压力下，他们总是能做得比其他同事更好。

詹姆斯是一家电子厂的大老板，厂里的工人总是不能很好地完成生产指标，这已经严重地影响到了公司的业绩。詹姆斯对此十分不解，他认为工厂的负责人是个很能干的人，按道理不应该出现这样的情况。

一天，他把该厂的负责人叫到一边，非常生气地质问道：“你怎么搞的，像你这么能干的人来完成规定的生产指标呢？”

负责人回答说：“我曾严厉地批评他们，扣除他们的奖金，甚至恫吓他们，但无论采用什么办法都没有效果，他们就是不愿意干活。”

说话间，上白班的工人下班时间到了。

詹姆斯看了看工人，对负责人说：“给我一支粉笔。”然后，他转向旁边的一个工人，问道：“你们今天一共生产了多少产品。”

“56个。”

于是，詹姆斯便在地板上写了一个大大的“56”字，然后，一句话也没有说就走了。当夜班工人进来时，他们看见地板上这个“56”字，便互相询问是什么意思。

“老板今天来这里了，”白班的人回答，“他问我们完成了多少产品，我们告诉他56个，他就在地板上写了这个56。”

第二天，詹姆斯又来到工厂，他惊奇地发现，夜班工人已将“56”字擦去，而是换上一个大大的“78”字。当白班工人来上工的时候，他们看见的是一个大大的“78”写在地板上。

“他们以为比咱们做得出色吗？好吧，给他们点厉害看看！”白班工人的求胜欲望也被激发了起来，他们更加努力地工作，在下班前，他们留下了一个神气活现的“102”字。

就这样，这家电子厂的业绩慢慢地好了起来，没过多久就赶上了其他工厂的业绩，而且还大大超过了它们的效益。

压力其实是一种挑战，如果领导学会通过用压力来施与员工动力，让他们感受到挑战的激情，激发起他们工作的热情，往往就能取得出乎意料的效果。压力实际上是一种动力，如果一个人没有了压力，就会失去前进的动力，这实在是件非常可怕的事。领导干部要记住，只有在员工的工作中施加适当的压力，才能激发起他们前进的力量，往往压力越大，所取得的成就也就越大。

第十二章 ／ 用榜样来检验

领导的所有行为都会变成工作者的基准：好习惯，员工会慢慢地学；坏习惯，员工马上上手。这就是组织的常态。换言之，有什么样的领导，就有什么样的下属，一个心怀大局的领导干部必须要以身作则，做出榜样。

◎要想领导他人，先管理好自己◎

领导是什么样子，下属就会是什么样子。领导要想做好管理，首先就得先征服自己，管理好自己。正如著名管理学家帕瑞克所说：“除非你能管理‘自我’，否则你不能管理任何人或任何东西。”

有人说：“人生如棋，每走一步都渗透着智慧和力量。”确实如此，人生不是游戏。游戏只是生活闲暇的点缀，千万不能把人生当游戏。尤其是企业的领导干部，你的一举一动不仅是在影响你自己，还影响着一群人。

刘晓燕在一家数码器材公司从事销售工作。3 年前，她是一名基层普通销售员，但她干得很卖力，每天起早贪黑，遇到周末休息还经常主动加班加点，除了常规的电话销售，她还经常有针对性地上门拜访顾客。刘晓燕的努力让公司业绩渐渐地好了起来，后来公司提拔她做了区域经理，带领一支团队做业务。

最初带领团队的时候，刘晓燕还很自律，跟下属一样按时上下班，甚至还会早来晚走，付出很多努力。但是后来，她渐渐变得懒惰起来，每天迟到早退，工作时间也只是坐在办公室里喝茶看报，悠闲得很，只让下属努力工作，自己享受起“胜利果实”来。

很快，下属们就对她有了意见。他们认为，作为部门主管，应该帮助团队里每个人成长，可是刘晓燕却坐享其成，自己带头不遵守自己制定的规章制度。因此，下属们也开始对她阳奉阴违起来，导致整个部门的业绩直线下降。在做业绩测评的时候，刘晓燕带领的团队排名垫底，结果上层领导撤销了她的职务，她又一下子回到了原点，只能从头开始更加艰苦的奋斗。

能够坐上领导干部这个位置的人，多半都是既有机遇、有条件，也有自己艰苦的努力，这一切都值得我们好好珍惜。作为领导干部，我们要明白，自己不仅仅是管理者，更是领导者。自己是什么样子，手下的员工可能就是什么样子。如果自己没有一点大局意识，那么首先让自己出局的不是上司，反而是自己的下属。

权力是把双刃剑，既能给公司带来效益，也能给自己带来一些好处。作为领导必须明白，你的权力是老板赋予你的，他需要你履行责任，为他服务。

现在很多的领导干部以及老板，总是一味地去要求员工，却放纵自己。事实上，如果领导做不到自律，员工就很难尽责敬业地工作，那么作为领导的你自然也别想做好管理工作，刘晓燕的经历就是最好证明。

人，最难做到的就是自律。古人说道：“成人不自在，自在不成人。”“自在”是很难获得成绩的，“自在”的领导也是无法做好管理工作的。因此，要想让下属乐意在自己的领导下工作，要想自己有权威、有影响力，就必须要自律。只有我们自己先做好榜样，下属才能按照我们的样子去做。

保罗·盖蒂是美国得克萨斯州有名的“石油大王”，很少有人知道他曾经是一个不自律的人。曾经有段时间，保罗·盖蒂吸香烟成瘾，有时候烟瘾上来，就没办法做任何事。

有一次，盖蒂在一个小城的旅馆里过夜，清晨两点钟的时候，他的烟瘾犯了，他非常想抽烟，但是发现烟盒空了。怎么办呢？这个时候，外面的商店早就关门了，而且外面还下着大雨，要想抽烟，除非冒雨到几条街外的火车站去买。

盖蒂穿好了衣服，正准备拿起雨伞出门的时候，他突然问自己：我这是在干什么？他反思自己，我是一个成功的商人，领导着几千名员工的人，竟要在三更半夜从床上爬起来冒着大雨走过几条街，仅仅是为了得到一支香烟？我不应该成为这种嗜好的奴隶！

于是，盖蒂下定了决心，然后换上睡衣回到了床上，仿佛得到了解脱一样，只用几分钟就进入了梦乡。从此，盖蒂再也没有吸烟，后来他的事业越做越大，成为世界顶尖富豪之一。

成功需要很强的自律能力，无论一个人有多么过人的天赋，如果他不自律，就绝不可能把自己的潜能发挥到极致，也没有任何人可以在缺少自律的情况下维持住成功的状态。

一个不自律，连自己也征服不了的人，是做不好管理工作的。职场如逆水行舟，稍有松懈放纵了自己就容易导致失败。如果一个人选择了纵容自己，也就等同于选择了放弃自己。对大多数人来说，自律的养成是一个长期的过程，不是一朝一夕的事情，像盖蒂那样的顿悟容易做出，但是坚持却不容易，这需要锻炼和培养。

要培养自律能力，可以尝试以下做法。

1. 不要为自己找借口。一个领导如果轻易为自己的失误或者惰性找到原谅自己的借口，那么他已经开始放纵自己了。领导想培养自律的品质，首先要丢掉自己的借口，不要给自己留下推脱的后路。

2. 控制好自己的情绪。“冲动是魔鬼”，情绪激动状态下的人经常会失去理智，而一时的冲动很有可能会断送自己的大好前程，造成严重的后果。比如，当下属犯了错误，一定要学会制怒，人们常说小怒数十下，大怒数千下，就是说要等心平气和的时候再开口说话，以防止说出不理智的话。

3. 制订自律计划。最了解自己的人还是自己，自己有什么缺点自己最清楚。针对这些，可以制订针对性的计划来培养自己的自律能力。比如，喜欢睡懒觉的人可以用闹钟提醒自己，喜欢发脾气的人可以在怒火中烧时对着镜子深呼吸，看看自己扭曲的面容，往往很快就能冷静下来，等等。

自律是一种品性，是可以培养出来的。只要领导干部有目的地培养自己的自律能力，就能将自律变成自己的资产。对于领导来说，要想做好管理，领导好下属，自律至关重要，尤其在控制自己的性格缺陷和欲望这方面，因为一旦失控，就会变得随心所欲，结局必将一败涂地，不可收拾。另外，我们还必须牢记，只有不断在自律中行动，才有可能赢得下属的佩服与尊重，最后管理起来也才能得心应手。

◎以身作则，方能提高团队战斗力◎

领导严谨，部属不敢放松；领导散漫，部属就放浪形骸。在企业中，领导行为就是不成文的规矩，每个人都会在领导身上学到可以依循的规矩。领导要想提高团队的战斗力，就只有以身作则，否则任何方法都不会有太大的效果。

古语说“己欲立而立人，己欲达而达人”，意思是只有自己愿意去做的事，才能要求别人去做；只有自己能够做到的事，才能要求别人也做到。

观察那些卓越领导者的下属，我们不难发现，许多人在没有加班费的情况下，仍然自愿、辛苦地加班；总有一批人在为领导所设定的目标全力冲刺；总有一批人为领导毫无保留地奉献他所有的才智。下属们之所以会这样，是因为领导就是这个样。

比尔·盖茨就是这样一位卓越的领导者，他是一名典型的工作狂，几乎没有周末。多年来，盖茨每周六最好的娱乐方式就是通过计算机屏幕看大学时期的演讲带。当人们问他成功的秘诀的时候，他往往只回答：“更努力工作吧！”

一个人如此工作没有什么好奇怪的，但是整个微软都以这样的态度去工作，就不得不令人一探究竟了。盖茨在管理的时候，从没采取强制加班的方法，但是依然有很多人下班后或者周末的时候，待在公司里拼命工作。走进微软公司，你会发现，这是集天下“工作狂”为一处的公司。

迪克是某连锁超市的进货主管，在本行业里有一定的影响力。一次，《财富》杂志的一名记者接到上面的指示要采访迪克，记者打电话到迪克的办公室对他说："明天我可以到你的办公室采访吗？"迪克说："当然可以。"

第二天，记者按时来到了迪克的办公室，但等了半小时还没有看见他出现。记者心中憋着一股气，他实在想不出迪克为什么会这样。在来之前，他看了不少关于迪克的资料，肯定对方不是那种喜欢迟到或者爽约的人。

记者越等越生气，不禁想，你以为你是谁，不就是一超市的进货主管嘛，有什么了不起？我凭这支笔就可以和你斗一斗……当有人路过办公室的时候，见这位记者还在等，便表示自己可以帮忙找找他。不到一会儿，这个人说找到了，就在前面20米的门外。那位记者立即去找迪克，看见他正为顾客将货物装箱，并抬上货车。

一个超市的进货主管居然做这种工作，那位记者对迪克说："你不是说在办公室等我的吗？"迪克答道："当然，我是在等你来啊。"记者问："那你为什么在这里？"迪克答道："我的办公室就在街上，这是客人最需要我的地方，难道是在空调房里吗？"

第二次世界大战时期，美国著名将领巴顿将军说了一句后来流传很广的话，"在战争中有这样一条真理：士兵什么也不是，将领却是一切……"这句话背后的深意是士兵的状态取决于将领的状态；将领所展示出来的形象，就是士兵学习的标杆！这个道理不光在军队适用，在任何一个组织中都适用。

一大堆的鼓励和安慰也比不上以身作则的效果。要想带好自己的下属，领导必须要做好榜样。人是最容易为一些小事情、小恩惠的感情所折服的，作为领导要降低自己的物质欲望和享受观念，使自己和大众没什么差别。

多年来，许多人不断地思索如何才能做好管理，最后终于得出了一个同样的答案：管理的成功关键在于领导所展现的威信和魅力，也就是说最好的管理，并不是真正地让你去管人，而是让你用你的行为去领导人、去影响人。真正的管理不在于“管”字，而在于领导自身的影响力，而不是权力的行使。

土光敏夫是前日本经联会会长，还是一位地位崇高、受人尊敬的企业家。1965年，东芝电器出现了前所未有的危机，为了挽救东芝，董事会决定请土光敏夫出任东芝电器社长。

土光敏夫接掌之后，立刻提出了“普通员工要比以前多用三倍的脑，董事则要十倍，我本人则有过之而无不及”的口号来重建东芝。他每天都提前半个小时上班，并积极地和员工们一起动脑，共同来讨论公司的问题。土光敏夫为了杜绝浪费，还借着一次参观的机会给东芝的董事们上了一课。有一次，东芝的一位董事想参观一艘巨型油轮，由于土光敏夫已看过几次，所以事先说好由他带路。

那一天是假日，他们约好在车站的门口会合。土光敏夫准时到达，董事乘公司的车随后赶到。董事以为土光敏夫也是乘公司的专车来的，却没想到对方是搭电车来的，当听到土光敏夫说是搭电车来的时候，董事当场愣住了，羞愧得无地自容。原来土光敏夫为了杜绝浪费，使公司合理化，乃以身示范搭电车，给那位浑浑噩噩的董事上了一课。不久，这件事就立刻传遍了整个公司，上上下下立刻心生警惕，不敢再随意浪费公司的物品。由于土光敏夫和大家共同努力，东芝公司的情况逐渐好转起来。

以身作则的力量就是这样强大，如果领导有全局意识，能够做到按时上班，工作时间尽量不涉及私人事务，对工作尽职尽责，那么下属们自然也会尽力向领导者靠拢。领导在管理员工的过程中自然就会事半功倍。我们不得不承认，领导行为的影响力远胜过自身的权力。

当然，领导努力地工作，有些员工未必会学，因为他们会认为这是作为领导应该做的。但是不好的、坏的工作习惯，通常就会像传染病一般，随时成为企业中的“共同标准”。如果领导迟到了一两次，而且没有正当的理由，那么下次保不齐就会有三三两两的员工迟到或早退。所以说，领导干部必须要以身作则，要想下属工作有效率，我们就必须自己先做出样子来。

◎做好“火车头”，车才跑得快◎

不管是什么社会，最成功的人往往都有自己的榜样，他们崇拜、尊敬自己的榜样，并且希望成为像他们那样的人。

相信很多看过职场书的人都知道，很多职场书籍都会有这样的内容，那就是告诉读者要寻找自己心目中的偶像。一个人心中有了梦想，才能看清楚前方的路。如果你确定了自己的目标，并朝着目标前进，就算你达不到终点，也能到达它的附近。而作为企业的领导干部，我们有一个很重要的任务就是要为员工树立榜样，一个团队中的员工可以效仿的对象。

这个榜样可以是我们团队里某位出色的员工，不过最好的还是我们自己。因为自己是领导，下面的人几乎就会把所有的目光都放在自己身上。如果我们能做好榜样，那么员工就更容易感觉到力量，并且跟着领导学。

有一次，将军带领他的部队赶去某个地方的时候，途中下起了大雨，汽车陷入了深泥。将军喊道：“你们这帮混蛋还不赶紧下车，把车推出来。”

所有的人纷纷下了车，按照命令开始推车。在大家的努力下，车终于被推了出来。当一个士兵正准备抹去自己身上的泥污时，惊讶地发现站在他身边的那个浑身都是泥污的人竟然是将军。这个士兵一直把这件事记在了心里，直到将军去世，在将军的葬礼上，他对将军的妻子才说起了这件事，他最后说："是的，他是最伟大的将军，我们敬佩他！"

施瓦茨科普夫将军说："下令要部下上战场算不上英雄，身先士卒上战场才是英雄好汉。"也就是说，一个合格的企业领导要带领大家在业务线或生产线奋斗，而不是只会躲在办公室里发号施令。

在我国农村，曾经流传着这样一个顺口溜："村看村，户看户，群众看干部。"群众不是在看干部如何说，而是在看干部如何做。上梁不正下梁歪，如果做领导的念歪了经，做歪了事，老百姓们自然就"直"不了。

"喊破嗓子，不如作出样子。"只有领导身先士卒，作出榜样，下属们才会真正折服，死心塌地地跟着自己。

贞观元年，唐太宗任命房玄龄为中书令。这一年的九月，唐太宗对朝中官员论功行赏。结果，房玄龄、杜如晦、长孙无忌、尉迟敬德、侯君集功名列第一，得到了重赏。

封赏完了以后，唐太宗说："今天论功行赏，大家有什么意见尽管讲出来。"

淮安王李神通说："陛下，臣带兵打仗，舍生忘死，而房玄龄、杜如晦等人只是端坐朝中，舞文弄墨而已，功劳却排在最前面，臣心里不服。"

唐太宗说："你们是有功劳，但房玄龄运筹帷幄，把握全局，你们只是具体执行而已，所以他功劳最大，当然应该排在第一。"

淮安王李神通惭愧而退，其他大臣也无话可说。

房玄龄为人非常谦虚谨慎，对于论功行赏的事深感不安，便对唐太宗说：

“陛下将臣排第一，臣心里很不安。”

唐太宗回答说：“从前汉高祖封赏大臣，萧何在最前面，你就像是朕的萧何，功列第一，理所应当。王者公正无私，才能得人心。朕和大臣们每天吃的穿的，都来自于百姓，所以设官定职，也是为了百姓。国家理应重用、优待贤能的人，让他们更好地为国出力，也使全国上下形成见贤思齐的良好风尚。今天就是依照这样的一个原则，而不是根据某个人的喜好。你当之无愧，就不要再多说了。”

不久，房玄龄又升为尚书左仆射，监修国史，加封为魏国公。

房玄龄虽身居相位，名贯天下，却从不居功自傲，更不贪权图利。唐太宗曾经召集大臣讨论世袭之事，封房玄龄为宋州刺史和梁国公。唐太宗之所以要封房玄龄为宋州刺史，目的是为了让房玄龄的子弟世袭。但房玄龄觉着自己身为宰相，应为各位大臣做榜样，不应贪图私利，便上奏唐太宗说：“臣已经担任宰相，现在又封为宋州刺史，这样恐怕会使大臣们争相追逐名利，使朝纲大乱。臣认为不妥，请陛下先罢免臣的刺史职位。”

唐太宗便依了房玄龄的奏折，只封他为梁国公。房玄龄辞掉了宋州刺史之后，朝中大臣纷纷仿效，辞去能世袭的官职。唐太宗十分感慨地说：“上行下效，朝中大臣今天能有这样的行动，都是玄龄的功劳！”

后来，房玄龄又加封为太子少师，当他初到东宫见皇太子时，皇太子要拜他。房玄龄慌忙躲避一旁，坚决不受。人们看到当朝宰相如此谦虚恭谨，不由得暗中称赞，都说他是亘古未有的贤相。

领导干部必须要作出样子，严格地要求自己，才能服众。领导干部的角色是教练，也是教师，更多的则是啦啦队长。

通用公司的杰克·韦尔奇曾经提出：“一家企业要想在竞争中取胜，必须要让员工们敬业，因为对企业而言，员工是否敬业跟企业的成败有着直接联系。而在一个部门之中，领导要想下属们敬业，首先就要增强自己的个人魅力，增强自己的威信，让下属们愿意努力去工作。要想做到这一点，就要求领导者要身先士卒，为下属们树立一个好榜样。”

一般来讲，领导切不可事必躬亲，但在有的时候领导若能身先士卒，做出榜样，再苦再累的工作，领导总是走在前面，下属也就没有理由缩头缩尾了。需要铭记的是：做出榜样是一件事关全局的事情，领导干部务必要给下属树立一个“标杆”。

◎传递激情，发掘员工的潜在能量◎

真正成功的领导者都知道这样一个获取成功的关键——无论是自身还是团队成员，都要充满热忱地去发掘他们无穷的潜力。如果领导者想造就一个强大的团队，自己首先就要对每件工作充满热情，即使碰到挫折、困难也不例外。

联想的领导曾经说过这么一句话：“领导干部必须要有事业心、上进心以及责任心。领导干部只有对自己所从事的事业充满激情，才能不断地超越自己，并得到满意的结果。”

领导对工作的激情，不仅能影响自己的干劲，同时也能散发出去影响周围的每一个人。一个对工作没有激情，不能通过自身对工作的激情燃烧员工的工作激情或者说不会激励员工的领导者是不可能成功的。

“我很有激情，通过我的激情来感染我的团队，让我的团队也有激情，这才是我真正的激情所在。”“激情分子”杰克·韦尔奇登上了通用电气总裁宝座时如是说。

说起来似乎很简单，但真正做到这一点似乎就不是那么回事了，毕竟韦尔奇刚上任不久。

韦尔奇清楚地记得，他刚来到通用电气时，在由数十个总经理组成的管理团队当中，没有一个是他选拔的。要让这些经理们一下子就接受他的想法，当然很难。还要要求他们有激情，几乎是不可能的，传统上，至少要有个磨合的过程。但他做的首先是显示出自己对这份工作的激情。

那么杰克·韦尔奇是怎么做的呢？

他知道，任何一个新任总经理做的第一件事，就是做人事变动，所有的高层，最担心的是被这个洗牌给“洗”出去。他首先就真诚地对他们说：“你们一定很困惑、很彷徨，甚至有些担忧，其实这些完全没有必要，因为在未来半个月之内，我不会做任何人事调整，让我们在这段时间，把手上该做的事情都做好。”经过这一步，大家一下对他的信任感加强起来。

韦尔奇还特别喜欢演讲，他每次出差到分公司，就抽出一个晚上的时间，给分公司所有员工讲个话。讲话除了工作专业知识以外，还告诉他们如何看待他们的职业生涯，在职业生涯里，应具备什么样的态度，如何把自己准备好，等等，以提升他们的信心。每一次演讲总能让听者热血沸腾，备受鼓舞。

如果一家企业的领导对工作都没有激情，下面的人怎么会有激情呢？换言之，要想企业稳定发展，企业的领导必须要对工作保持激情，并且还要把自身的激情传递下去，鼓舞下属们努力地工作。

软件银行集团董事长兼总裁孙正义是个对工作很有激情的人，他曾经说：“当我大脑里产生了一个想法后，如果我不能把他实现的话，我会一直都睡不着。”

无独有偶，比尔·盖茨也有句名言：“每天早晨醒来，一想到所从事的工作和所开发的技术，将会给人类生活带来巨大的影响和变化，我就会无比兴奋和激动。”比尔·盖茨的这句话阐释了他对工作的激情。在他看来，一个事业成功的人，最重要的素质是对工作的激情，而不是能力、责任及其他，虽然这些在工作中也是不可缺少的。

某顾问公司曾经对数百家企业的1000个年轻员工做过一次问卷调查。其中，有一个问题是这样的：“你心目中理想的领导该有什么条件？”让人有点意外的是，在答案中占最多比例的内容是：“强而有力，充满热情，令人值得信赖、依靠。”可见，激情是追随者眼中领导者所必不可少的素质之一。

张冉跟周星是大学同学，毕业后一同来到了一家游戏公司从事游戏制作的工作。由于找到一份跟专业对口的工作不容易，所以两人都很想在这里实现自己的人生价值。他们不计得失，不分白天黑夜，埋头苦干。

不过就在两个月后，原本踏实的张冉却产生了不平之感，对周星发牢骚说：“咱们这样拼死拼活地工作，可薪水却是雷打不动，干好干坏都一个样，这样有啥意思呀？”

周星说：“我们刚来不久，可能老板还不了解我们。”

张冉说：“我们已经来两个月了！公司就十几个人，有什么难了解的？”

周星说：“没事的，咱们总会好起来的！”

可惜，周星的安慰并没有起到什么效果。几个月过去后，张冉对工作已经再没有激情了，他感觉自己即使工作不那么努力，得到的薪水却跟仍在努力苦干的周星一样多。他觉得在这里干好干坏一个样，如果在这里干下去，纯粹是浪费时间，就辞职不干了。

不久后，张冉到了另一家游戏公司工作。但没过多久，他发现这里同样是一家干好干坏一个样的公司。于是，他再次选择了跳槽。

随后的几年里，张冉总是这样换公司。但是无论在哪里，他都感觉对工作没什么热情，干不了多久便无比厌倦。因此，没有一个老板愿意重视他，并付给他高薪。

实际上，如果他在最初那家公司坚持下来，早做出成就来了。因为他的同学周星在他辞职离开的三个月后就成为一个重要部门的经理，管理的员工比他刚进公司时全公司的人都多。而当张冉又一次跳槽的时候，周星已经建立了自己的公司，开始创业了。当张冉第三次跳槽的时候，周星的公司已经慢慢地从一家小公司发展起来了。

激情是一种力量，一个死气沉沉，没有一点激情气氛的企业是不会有多强大的竞争力的。企业的领导必须要有激情，要有火一般的精神。要知道，一个人一旦失去了激情，就失去了作战的勇气。作为企业的领导，务必要不断地保持对工作的激情，如果领导者能对工作保有一颗激情之心，就很可能会带来奇迹。一个对工作充满激情的人，不论正在从事的工作有多么困难，或需要多长时间来完成，他始终都会用不急不躁的态度去认真完成。倘若我们始终抱着这样的态度，那么我们自身及我们的团队必将会走向成功。

◎为下属树立“尊重”的标杆◎

每个人都希望得到别人的尊重，你尊重了别人，别人才会尊重你。

很多人的心中一直有这样的观点：你敬我一尺，我敬你一丈；你不尊重我，那我也不尊重你。如果领导干部能尊重下属，那么他们就会从内心深处尊重你。如果企业里每一个员工都互相尊重，那么就能营造一个良好的工作氛围。这样一来，整个团队的凝聚力自然会增强，工作效率及发展力也必然跟着增强了。

有位下属把车子停错了地方，因而挡住了别人的通道。

有个上司冲进工作室很不客气地问：“是谁的车子挡住了通道?”等汽车主人回答之后，这位上司厉声说道：“马上把车子移开，否则我叫人把车拖走。”

这个下属犯的只是无伤大雅的小错，却遭受到了领导严厉的批评。从那天开始，不只是那个停错车的下属对那个上司心存不满，甚至别的下属也常常故意捣蛋，跟他过不去。

可见，没有尊重团队就没有凝聚力。下属犯错了，是该批评，但是要合适。比如，他可以这样好好地问：“谁的车子挡住了通道?”然后建议这位下属移开车子，好方便别人进出。相信这个下属肯定会同意他的建议并乐意按他的吩咐去做，这样也不至于引起其他下属的公愤。

一个企业里如果失去了对彼此的尊重，就很容易产生内讧，这样的企业怎么能把大家的力量集中在一起呢?

可以说，不懂得尊重别人的人就等同于自掘坟墓。眼下你为了图一时痛快这么做了，但痛快过后等待你的将会是朋友的决绝而去。那些优秀的领导者都知道，尊重他人在生活和工作中都是至关重要的，所以，不管在什么时候，他们从来不会践踏别人的尊严。

“尊重”这个词说起来容易，做起来却很难。有些领导觉得自己高人一等，自己完全没有必要对所有人都作出一副尊重的姿态，颐指气使一下也是可以的。其实不然，作为领导，在企业里的地位是高一些，但是别忘记了，每一个人的人格却是平等的，你不尊重别人，别人何必要尊重你。作为一个领导干部，要想让下属把你的话放在心上，首先就要尊重他们。“尊重”这也是衡量一位领导者成功与否的标准。

在这方面，“经营之神”松下幸之助可谓深谙其道。

一次，松下幸之助带着几名高层来到了公司的餐厅吃饭。一行人都点了牛排，除了松下只吃了几口，其他的人都津津有味地吃了起来。

松下看到大家用完餐后，便让助理去请烹调牛排的主厨过来。

松下特别强调说：“不要找经理，找主厨。”

助理这才注意到，松下的牛排只吃了几口，心想过一会儿的场面可能会很尴尬。

主厨很快就过来了，他很紧张。因为他知道请自己过来的人是大名鼎鼎的松下先生。“有什么问题吗，先生?”主厨紧张地问。

“你烹调牛排的技术很不错，”松下说，“但是我只能吃几口。你看看，我如今都 80 岁高龄了，胃口大不如从前。”主厨与其他用餐者因困惑面面相觑。

大家过了好一会儿，才明白这是怎么回事。松下说：“我叫他过来，是想告诉他，不是因为他的厨艺有问题，而是我年龄太大了，吃这种牛排已经没有什么胃口了。那样，他才不会因为看到被退回来的牛排而难受。”

松下的言行举止，就体现出了一位成功企业家本应具有的品质——尊重。也正是松下这种处处尊重他人的行为，让松下的员工素质越来越高，企业的凝聚力越来越强。

1949年，57岁的大卫·帕卡德参加了一次美国商界领袖们的聚会。与会者就如何追逐公司利润侃侃而谈，但帕卡德不以为然，他在会中说：“一家公司有比为股东挣钱更崇高的责任，我们应该对员工负责，应该承认他们的尊严。”

帕卡德在造就硅谷精神方面的贡献，恐怕超过了任何CEO。就像希腊的民主领袖帕卡德一样，他会尊重并欣赏每一个人的态度，对周围人和企业的影响至深至远。正是创始人帕卡德这种尊重别人的思想和精神，缔造出了今天惠普这样一个产业帝国。

很多领导干部总是埋怨身边没有人才，找不到人才，或者总是叹息人才的流失，其实，他们应该好好反省反省自己是不是没有做到尊重对方。一个领导干部要想使自己的企业人才济济，首先就要做到尊重人才，也只有尊重人才，才能确保企业大局的持续稳定。

领导尊重了员工，员工不仅会尊重领导，还会敬佩领导。他自己也会受到领导的影响去尊重别人，最后很有可能因为领导的尊重而让整个企业的人都互相尊重。

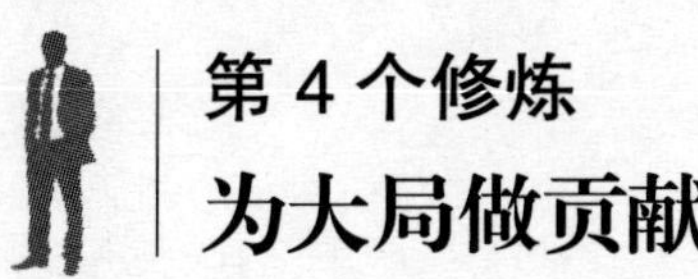

第 4 个修炼 为大局做贡献

领导干部象征着某种职位，也象征着特定的人生舞台。只有做到真正热爱并专注于自己的工作，才能准确把握工作定位，才能在自己的这方舞台上跳出优美的舞姿。这样做，也体现了一个领导干部懂得把大局落实在行动上，促进其在执行中贡献自己的能量，为集体创造更多的财富,同时也让自己充分实现人生的价值。

第十三章 ／ 沉得下心

古人云“非宁静无以致远”，旨在告诫人们，遇事不要慌张，只有沉得下心才能走得更远。同理，作为领导干部也需如此，只有真正把心沉下来，才能真正为集体做出贡献。

◎大无畏，甘愿到最艰苦的地方去◎

大凡在事业上有一番成就的人都具有挑战新任务的勇气。作为领导干部，更要有一种大无畏的开拓精神，甘愿到最艰苦的地方去，到公司最需要的地方去。我们往往在承受责任和压力的同时，也获得了相应的回报。

作为一名领导干部，要懂得如何配合上司的工作，如何在上司面前展现自己，将自己的能力恰当地发挥出来，以优异的业绩完成团队的目标，实现自己的价值。在职场中，上司最信任的就是自己的左膀右臂。作为一名领导干部，要想得到上司的信任，就应该想办法努力成为上司的“左膀右臂”。

那么如何做到这一点呢?

这需要作为领导干部的我们一定要有勇于担当的精神，要有为大局做贡献的态度和能力。要知道，我们不愿意做的事情，别人多半也不愿意做。一件工作的难易程度和要承受的压力有多大，一般上司心里都有底。遇到了一个谁也不想干的活，如果你去做了，上司就会对你刮目相看，那么你就能更快地得到上司的重视。

千万不要傻傻地认为，自己在工作上没有犯过什么错误，上司交代下来的任务，都能按时完成，只要在公司里干上一年半载肯定能升职加薪。如果你大脑里有这种想法的话，那么你就很难得到提升或者加薪了。为什么这样说，因为在上司或者老板看来，按时完成任务那是你的责任，你或许会是一个合格的领导干部，但是你在上司心目中永远不会成为最出色的那一个。这也是为什么很多人一直待在中层的原因。

企业的竞争是激烈的，一个公司很需要那些敢闯敢拼，能为企业作出牺牲的员工。唯有甘于牺牲，才能谈得上真正地为企业做贡献。作为领导干部，你首先就要做出样子，为公司的大局着想，牺牲自己的个人利益，成就公司的整体利益，甘愿到公司最需要的地方去。

高国今年27岁，如今已经坐到了公司华北区总裁的位置，年收入上百万。很多人都很羡慕他，这么年纪轻轻就取得了如此大的成就。

有一次，高国参加了大学同学的聚会，有个同学对他说："高国，你运气真好，听说你大学毕业后就进了现在这家大公司，而且又得到了上司的赏识，我怎么没有这么好的运气呢?"

高国说道："你们可能都比较羡慕我，其实，我跟你们大多数人一样，毕业的时候，我费了三个月的时间才在一家小公司找到了一份工作，在那儿辛辛苦苦地做了一年，然后才来到这家大公司。说得更准确一点，我的运气并不好。"

另一个同学说："高国，你小子就别忽悠我们了。如果不是你运气好，遇到了一个赏识你的人，你有机会进去吗？我对你那家公司可清楚得很，人家招聘的最低要求是工作经验不少于3年，而且必须从重点大学毕业。你这样三流大学出来的，工作经验只有一年的人，人家连看都懒得看一眼。”

“可能我的运气确实比你们好一点吧！不过，我现在拥有的这一切都是靠我的努力才得到的。其他的我就不说了，我就说一点，在工作中，一定要做那些最难、最累、最苦的活。为什么我只有一年经验，又不是从重点大学出来的，人家会选择破格聘用我，是因为我一年的工作成绩比别人做了三年还好，我拥有的一年的工作经验比很多人3年都值钱。”

有个同学惊讶地说道：“这怎么可能？”

“那我就给你说说我的一次经历，两年前，我们公司要准备派一个人去陕西那边打开市场。陕西那边经济不是很发达，要迅速打开市场非常困难，所以没人愿意去。于是，我就主动申请去了。到了陕西，我到处跑，在短短的半年时间里，我的皮鞋都破了3双，最后，我终于成功了，为企业创造了几千万的利润。你知道吗？如果我没去的话，我在总部可能永远就是拿着每月几千块薪水的小职员，但是我去了，并且做得很好，结果我慢慢地成了公司的重要人物。困难就是机会啊！敢于付出的人才能出人头地。”

是的，困难就是改变自己人生的机会，很多人都只想从工作中得到些什么，却很少主动付出，尤其是困难来的时候，只想着如何逃避。但是不付出，不主动去解决困难，又怎么能有所收获呢？

要想得到一件东西，我们必须要在得到它之前不断地付出。那些不想去、不愿意去的员工，是因为害怕风险。的确，去最艰苦的地方作出成绩来是有很大风险，但是往往风险越大的地方，为公司带来的利益也越大。作为一名领导干部，要想得到上司的重视，那么当上司有十万火急的任务和棘手的问题的时候，我们就要主动向上司请缨，圆满完成。我们甘愿到最艰苦的地方去做一名开拓者，并且圆满地完成任务，即使自己的能力不是很强，上司也会把我们当成一粒金子一样重视。

在企业中，任何一名领导干部包括员工都应该意识到，上司最喜欢的人自然是在紧急时能帮他排忧解难的人。要想成为上司重视的人，我们必须要为公司做出贡献。当我们的上司得到提升了，我们才更容易有提升的机会。

上海某船舶公司由于不能掌握船舶水下防锈喷漆技术，每年只能耗巨资雇佣外国企业，结果造成造船的成本高出别的公司很多。

小张是造船车间一个小组的组长，他看到这个情况后，立马意识到，如果自己能掌握船舶水下防锈喷漆技术，那么就能给公司省掉不少钱。于是就主动向公司领导提出，愿意去某香港企业学习，领导通过再三考虑，同意了他的请求。

他来到香港后，从一名普通的杂工干起，一步步朝着学习的目标前进，终于在两年的时间里完整地掌握了这一技术。回到单位后，小张立刻成了企业的技术骨干，为企业节约了大量的资金，获得巨大的经济效益。

小张原本可以好好地领他的薪水，而不用去香港自找苦吃。但他为什么一定要去呢？要知道，事情往往有很多变数，他在香港企业即使工作再努力，也不一定能把这门技术学好。有人也许会说，他是在赌，赌自己的人生。其实，错了，他不是在赌人生，而是具有大局意识，能主动为公司着想，这样的人的命运永远都是在自己的手中。

要知道，绝大多数老板都要求员工具有敢于承担责任的精神，这可以令他的企业有更大的发展。尽管老板表面上无特别褒奖，但在他心底会将员工分成不同等级。甘愿到最艰苦的地方去，到公司最需要的地方去，这不仅是我们对自己的锻炼，同时也是老板把我们当作自己人的时候。所以，作为公司的一员，尤其是一名领导干部，当公司需要一个人去挑战某项艰巨任务的时候，我们就要主动请缨。

◎拒绝浮躁，踏踏实实地工作◎

当今世界，诱惑千万种，领导干部特别要头脑清醒，明辨是非，沉得住心，正确看待功名利禄，不该拿的别拿，不该去的别去，不该想的别想，踏踏实实地工作，才能赢得美好的未来。

有些人或许会发出这样的抱怨：“我是具有大局意识的，公司需要我作出个人牺牲的时候，我从来都是主动放弃自己的利益。可是为什么不见公司提拔我，重用我呢？”

如果遇到这种情况，原因恐怕只有一个，就是你的心太浮躁了。

老板一般都是一些具有大智慧的人，他们岂能看不出一个人是否真诚地为公司作出牺牲！有些人虽然能为公司放弃自己的利益，心里却是不情不愿的，结果事情没有办好。虽然老板可能不会当面批评他，但是心里多半会觉得这个人靠不住，以后有什么重要的事情八成也不会交代他去做了。

如果是因为这种情况而让我们不受老板重用，这又怪谁呢？只能怪我们自己心太浮躁了，我们看似是在为公司着想，为老板着想，其实，只是在为自己着想。老板上了一次当，岂能上第二次当？

浩宇毕业于名牌大学，刚毕业就顺利找到了一份不错的工作。由于工作努力，所以很快就被策划部经理提拔为助理。但是不久，公司就出现了变故，策划部经理带着一些老职员集体跳槽。浩宇觉得这是一个实现自己梦想的机会，于是，自告奋勇要担任策划部经理，他觉得自己有能力力挽狂澜。

老总一时束手无策，加上浩宇平时工作非常努力，从策划部经理那里学到了不少东西，也就暂时让他担任策划部经理。浩宇开始梦想着用自己非凡的才能在公司独当一面，创造丰富的利润，同时也实现他的价值，从此将在事业上平步青云。

于是，他工作起来更加卖力，加班加点那是再平常不过的事情。但是他高估了自己的能力，没有从底层一步一步走过来的经历，没有积累必要的经验，面对客户的要求，他轻易承诺下来，草率地签了合同，却找不到得力的助手协助他一起完成。谈判、策划、设计等一系列的事搞得他焦头烂额，后来任务完成得非常糟糕。

合同到期，客户看到这样的作品，宣称要和他们打官司，否则就让他们赔钱。本来公司就处在危机中，浩宇这一举动无异让公司雪上加霜。气得老总立马叫他走人，后来，老总想办法把原来的老职员招了回来，重新把公司推到正轨上去，才挽救了公司。

我们能说浩宇没有大局意识吗？为了工作，他经常加班加点，可以说，他是一个非常敬业的人。但是由于他过于浮躁，把事情想得太简单，结果这次的事件成了他职场生涯中最悲惨的经历。

这个职场事例告诉了我们一个道理：大局意识，绝对不是简单地为公司着想就足够的，还需要把事情的方方面面都考虑清楚。不可否认，很多企业的领导干部都存在一些问题，坐不住、静不下、干不好，疏于工作和思考，乏于调研和实践，只想着加薪升职，当老板的任务来了，他们就拍着胸脯向老板保证，自己绝对能完成。他们也不想想，自己是否有能力完成这个任务。浮躁的心态又怎能干好工作？

要想做一名受到老板青睐的领导干部，一定要沉得住心，要知道很多时候看上去最短、最方便的路，并不一定是一条捷径，因为走这条路不一定会成功。相反，一条看上去很弯的路，虽然可能需要花费很大的精力，但只有这条路才有可能让我们到达成功的顶点。

有一个出生于贫困家庭的人，他15岁的时候去了一家店里打工。15岁的年龄，对于同龄人来说，大多数都还是不太懂事的孩子，更别谈什么理想是何物了。但是，他知道，他已经有了对未来模糊的憧憬。不过，现实有些残酷，他找不到一份像样的工作，最后为了生存，只好在一家店里打扫厕所，就是那种最底层又脏又累的杂役类劳工。

他对待工作很认真，把自己的分内工作扫厕所做完了，还做其他的杂事，比如擦地板，给其他正式员工打下手。他的勤奋和踏实，很快就引起了老板的注意。没过多久，老板让他签了员工培训协议，让他进行一次正规的职业培训。培训结束后，又让他在店内各个岗位进行锻炼。经过几年的锻炼，他很快获得了生产、服务、管理等一系列工作经验。19岁时，他就被提升为店面经理。

那个年龄，他已经明白，是自己踏踏实实走好每一步，给自己赢来的丰厚回报。所以他坚持了这种工作作风，并且坚持了一生。他不但踏实地学习、工作，而且还常常用心研究业务和顾客的消费规律。他总和员工们一道亲自去做站台服务、接待顾客之类的小事。

他后来的路走得越来越顺，27岁成了公司澳大利亚分公司的副总裁，29岁成为公司董事会成员……43岁，他成为总公司的总裁兼首席执行官。

你知道故事中的主人公是谁吗？恐怕就算说出他的名字也没有多少人知道，但只要说供职的是哪家公司，相信没有人不知道。它就是众所周知的大名鼎鼎的快餐连锁店麦当劳，而故事中的主人公就是理查·贝尔。踏实做人，他是一个典范。

一个人工作不踏实，就无法对公司奉献出自己的能力，更谈不上为公司的大局做贡献，最可怜的是他们自己也无法得到成长；一个人生活不踏实，只会让生活变得一团糟，朋友也会越来越少。好高骛远、急功近利是很难把事做好的，这样的人不会把弯路走直，相反，会让自己的人生之路越来越弯曲，越来越狭窄。因此，作为公司的领导干部，一定要去掉自己内心的浮躁，踏踏实实地工作。

◎保持谦卑，向所有人学习◎

任何人都不是万能的，为了大局，领导干部要放下身段，融入新环境里去，谦虚地向大家学习。

俗话说："人无完人。"作为领导干部，你虽然在某些方面比别人优秀，但是这个世界上仍然有很多东西你不知道，有很多东西你需要自己去学，去向别人的学，而这"别人"当中就包括我们的同事以及下属。

有的领导干部被调到一个新地方后，放不下架子向大家学习，总是觉得自己是总部派来的，有什么东西不知道呢！遇到了问题，总是独立去解决，让下属整天闲着或者给下属安排一些他们胜任不了的工作，这样不仅浪费你大量的精力和时间，也浪费了作为领导干部为公司做出贡献的机会。要知道，在我们看来是一件很困难的事情，在下属和同事眼里也许就是一件很容易的事情；同样，在我们看来是一件很容易的事情，在下属和同事眼里也许就是一件比登上珠穆朗玛峰还难的事情。所以说，作为领导干部，需要谦虚地向大家学习。

现在很多人都常常做傻事。做傻事并不是说这个人智商低，相反这个人的智商还非常高。他们为什么会做傻事呢？轻慢、自以为是，再加上容不下下属的意见（久而久之变成听不见下属的意见）是做傻事的原因。每个人都有做傻事的时候，如果在生活上做一些无伤大雅的傻事，别人或许只会嘲笑你几句，但是在职场上，作为领导的你做了傻事，就可能会让脆弱的公司从此一蹶不振，而你的团队也可能全军覆灭。这是多么可怕的事情！

张涛是某知名公司的总裁，一年前，他派了两个经理分别去了安徽和江西的分公司。他比较担心安徽的分公司，因为派去那里的经理没什么经验，如果经营不善，安徽的市场便有可能被其他的竞争对手抢去一部分。

对江西分公司，张涛则很是放心，因为派去的经理很有经验。但是为了考验他们，他没有过多地干涉他们的工作。很快，一年的时间就过去了，但结果却出乎他的意料：安徽分公司的市场占有率不但没有降，反而上升了不少，而江西公司的结果则正好相反。

他百思不得其解，于是，他决定分别到两个分公司去做一些调查，分析一下出现这种情况的原因。经过调查，他知道了其中的原因。派往安徽分公司的经理虽然经验和能力都比派往江西分公司的经理差一点，但可贵的是他能谦虚地向大家学习，并且乐于把自己所学的知识传授给员工，同时自己不会的也和员工们一起学习。因此，不仅自己的能力得到提升，视野得到开阔，员工们也个个成了专家，做事情高效率、高质量，交代给他们的任务几乎都是超额完成，业务自然有进展。

而江西分公司的经理在总部一直担任重任，被派到江西后，他依然像在总部那样工作。但是很快就出现了问题，因为总部的人都是高学历的人，能力也差不到哪里去，所以很多事情只要他交代清楚，下面的人都能很好地完成。但是到了分公司就不一样了，这边人能力一般，悟性也不高，尤其不喜欢领导高高在上的样子。经理的决策根本很难执行下去。虽然大多数问题最后都由他亲自解决了，但是分公司的业绩却并没有得到提升，反而下降了不少。

最终，安徽分公司的经理被提拔为总公司的副总。

领导要沉得下心来，到什么地方就要作出什么样子来。很多领导干部在总部做得好好的，但是却很难在下面的分公司搞好工作，不是知识水平和业务能力上的问题，而是做不到入乡随俗，总是摆出一副领导高高在上的样子。下面的人见到他都要绕道走，这样又如何能搞好工作呢?

要知道，我们到这个地方不是来做人上人和享清福的，而是要为公司做贡献的，所以架子该放下的时候就要放下。虽然我们把这里的事情办砸了，对公司的大局可能不会有多大的影响，但是肯定会影响到自己的前程。

杰克是法国一家大型建筑公司的工程部经理。

一天，公司需要安排一个人去处理公司在外地的一桩收尾工程中与当地居民发生的纠纷事件。这件事本来是轮不到杰克的身上的，但是由于公司一时找不到合适的人员，老板看他能言善辩，又极懂周旋，便让他暂把手中的业务交给助手打理，到外地与公司分部的几位负责人共同协调，把这件事情处理妥当。

到了外地之后，杰克因不了解当地民俗民情，在处理事务中，又自恃是老板派下来的人，根本不配合几位分部负责人的工作，共同处理协调事务。他只按照自己的想法处理，结果事情不仅没有办好，还与当地的民众发生了尖锐的冲突。

老板得知他们没把事情处理好后，就把杰克叫来询问原因，杰克把责任全部推到分部那几位负责人身上。当总裁对事情进行了一番详细的调查后，得知责任主要在杰克身上，便把他责罚一顿，并对他的人品和能力产生了怀疑。

不久，杰克在与分部那几位负责人进行业务交接的时候出现了一些问题，主要原因是人家都暗恨他当初嫁祸于人的做法，借机报复他。这些直接导致了他业务上的失败，杰克不得不辞职，离开了这家极有发展前途的公司。

作为一名领导干部，我们要知道，自己不是万能的。当我们对自己所要办理的事情不是很有把握，或者感觉自己的能力不足时，就要以大局为重，放下身段，谦虚地向大家学习。我们心里一定要清楚，自己所做的事情不仅仅关系到公司的利益，也关系到自己的未来。

第十四章 / 快得起来

工作要有条不紊，也要高效执行。可以说，执行是计划与成功之间最关键的一环，它不是简单的战术，而是一整套提出问题—分析问题—解决问题的系统流程。没有执行，领导干部的任何决策都不能得到实现。应该说，一个顾全大局的领导干部不但要沉得住气，也要快得起来，在工作过程中力求高效执行。

◎上级的命令要努力贯彻执行◎

没有服从就没有指挥，没有指挥就谈不上管理，无论我们对上级的指示有何看法，只要这个指示不违反原则，一个识大体的领导干部应该只抱着一种态度——坚持执行。

坚决执行、绝对服从是一个顾全大局的领导干部需要具备的职业素养。一个人无论在什么岗位，服从意识在决定成败方面都起着关键作用。要想在工作中成就一番事业，我们就必须做到服从安排、服从大局。只有先服从了领导，服从了大局，我们才能谈得上为公司付出了。

1861 年，美国开始了内战，但是美国总统林肯却为了寻找一名合适的指挥官而非常头疼。林肯筛选指挥官有自己的标准，就是要百分之百地执行他的命令，不为拖延找借口。最后，林肯选中了一名叫格兰特的指挥官。

格兰特从西点军校的毕业生到林肯钦点的指挥官，他的仕途可谓是平步青云，在战争中总是被委以重任，而他也总能不负众望，能够快而有效地完成任务。

每一次格兰特将军赢得战争胜利之后，就会有很多人问他取胜的秘籍。后来，格兰特成了美国的总统。有一次，他回到母校视察，一名西点军校的学生就问格兰特："总统先生，请问您是被西点军校什么精神鼓舞着，促使您一直勇往直前?"

格兰特淡淡地回答道："坚决执行，绝对服从。"

坚决执行，其实就是服从大局。一个领导干部应该做到对上级和领导安排的任务不打折扣，不讲条件，积极担当，坚决完成，把组织的需要作为行动目标，勤勉敬业、超越自己，提高自己的工作水平。关于"坚决执行，绝对服从"，巴顿将军在《我所知道的战争年代》里写了这么一个故事。

他想提拔一个人，便把所有的候选人都召集在了一起，对他们说："伙计们，我想在仓库的后面挖一条战壕。这个战壕 8 英尺长，3 英尺宽，6 英尺深。"然后他就走了。

巴顿将军走后，这些士兵就聊了起来。

有的士兵说："挖这个战壕，人想藏也藏不住啊！一点用处都没有，我才不干呢。"大家都觉得没有什么用，都不打算干。只有一个人说了一句话："管他有什么用呢，巴顿这个老家伙，我不管他，我先干再说。"于是，他就一个人拿起工具干了起来。

最后，就是这名骂巴顿将军的士兵得到了提升。

其实，执行力就是把想法变成行动，把行动变成结果的能力。现代组织的最大问题就是没有执行力。无论多么宏伟的蓝图，多么正确的决策，多么严谨的计划，如果没有高效的执行，最终的结果都是纸上谈兵。没有执行力就没有成功，执行才是硬道理。毕竟，构想再伟大，也要有人将它实践出来，这一切，靠的就是执行力。

有个毕业于某名牌大学会计专业的小姑娘找到了一份工作。她第一天上班的时候，老板对他说："小张啊，你想当会计啊！那么你先要到基层磨炼6个月，熟悉熟悉公司的情况。"

小姑娘想不明白，作为公司的一名财务人员，为什么还要去底层工作。不过，她并没有想太多，决定先干再说。于是，她来到了车间。她在一名老师傅的帮助下，在短短的3个月里就把该学的技术都学了，并且还在厂里举行的技术比赛当中拿到了第一名。老板很是高兴，他觉得她是个能沉得下心来认真做事的人。

6个月很快就过去了，老板找到了她，对她说："小张啊，你是不是还想当会计啊？"

她知道老板这样对她说肯定别有用意，就回答道："我听从您的安排。"

老板真诚地说："其实，厂里最需要的不是财务人员，而是管理人员。做财务的在哪里都能找得到，但能把管理做好的人才却很难得。我让你去做车间主任，你觉得怎么样。"

就这样，这名小姑娘在同学还在四处求职，寻找工作的时候，已经迅速地当上了车间主任，成了老板最重视的人才之一。

企业要想把计划和目标变成现实，靠的就是员工们的执行力。可以说，没有执行力就没有竞争力。对于上级的命令，我们有时可能不太理解自己为何要这样做，但是必须马上执行。

比尔·盖茨说："在未来的10年内，我们所面临的挑战就是执行力。"对于上级的命令，想不明白，那就不要想了，坚决执行，绝对服从就是了。

◎马上行动，习惯拖延的人缺乏大局意识◎

无论什么时候，对手头的工作绝对不能放松，要立刻着手去办。

汤姆·霍普金斯被誉为"世界上最伟大的推销大师"，他平均每天销售一幢房子，至今仍是吉尼斯世界纪录的保持者，他的学生在全球超过500万人。

当他的事业迎来顶峰的时候，很多人都想知道他的成功秘诀，而每次有人问他秘诀的时候，他的答案都是4个字："马上行动!"

"马上行动"是霍普金斯的成功秘诀。

"马上行动"强调的就是高效的执行力。其实谁都知道"马上行动"的重要性，但是有些人在面对工作的时候，脚步却始终停留在犹豫不决的起点上，他们总是用各种各样的理由拖着自己前进的脚步不得向前，给自己制造各种问题：我要是失败了怎么办？我准备得可能还不够充分，现在也许时机还不到；这样就开始太仓促，等等。

有些员工可能还有这样的想法："反正上司没规定今天必须完成，那么拖到明天也没什么关系吧。”结果，你拖一天，那么你的下属可能就会拖两天，这样一来，又怎么能很好地完成工作呢。最重要的是，这样的领导干部和下属很容易就会养成拖延的习惯。一位优秀的领导应该很清楚，拖延最终带来的结果是什么，可以肯定升迁和奖励是永远不会落在惯于拖延工作的人身上的。

戴维毕业于美国某一名校，是一家游戏公司的网站编辑，他各方面的才能是毋庸置疑的。不过，他有一个不好的习惯，就是在工作中拖拖拉拉的，时常不能按时完成老板布置的工作任务。

一次，老板将新签约的一个游戏开发方案交给戴维来完成，规定的时间是两天。戴维接过任务，心想加上今天的话，有3天时间，自己完全没有必要那么急着工作，不如先看看微博，浏览一下新闻。

当戴维玩得差不多了，正准备开始工作的时候，却到了下班的时间。

戴维说：“没事，反正还有两天。”到了第二天，戴维开始不慌不忙地为工作准备着，却没想到刚开始一个小时，就被老板叫去参加一个学习研讨会，耽误了整整一天的时间。不过，他还是这样告诉自己：“不着急，反正明天还有一整天时间。”

第二天到了公司，戴维想起了以前玩的一款游戏，决定先玩一会儿再工作。正当戴维玩得忘乎所以时，老板的电话来了，“戴维，工作完成了吗？其他同事都交任务了，你呢？”

戴维赶紧以学习耽误了时间为借口，从老板那里争取到了一天的时间，并最终完成了策划方案。但由于策划方案写得仓促，几乎没有什么新意，连修改的时间都没有，最后客户不满意他的策划方案。戴维受到了老板的批评。

在职场中，像戴维这样的人并不少见，他们的问题不是工作能力不行，而是工作态度的问题。这种离工作期限越来越近，心里虽焦灼万分，表面也已按捺不住，却依然磨蹭着不开工的人，即使他是天才，但对于企业的老板来说，跟庸才也没什么两样！

对于公司来说，我们拖延所造成的后果或许会在其他同事的勤奋当中得到弥补，而我们自己呢？拖延所带来的恶果只能让我们自己来承担。今天你把工作推到明天，明天把工作推到后天，许多成功的机会就在一而再、再而三的拖延中失去了。作为公司的领导干部，我们一方面要做到自己不拖延，同时也要让下属拒绝拖延，并知道拖延的危害性有多大。

有一次，美孚石油公司 CEO 李·雷蒙德准备到某分公司去巡视工作。当到达休斯敦一个区加油站的时候，已经是下午 3 点了，他看见油价告示牌上写的竟然还是昨天的油价，而在今天早上 9 点，美孚总部就已经下令将每加仑的油价下调 5 美分了。为此，李·雷蒙德非常生气，立即让助手找来了加油站的主管詹姆斯。

李·雷蒙德根本没给匆忙跑来的詹姆斯喘息的时间，就指着报价牌大声斥责他道："先生，你是不是还在做着昨天的美梦！要知道，你的拖延已经给我们公司的名誉造成了很大损失，因为你们收取的单价比总部公布的单价高出了 5 美分。每一个知道这件事的人都可以在任何场合嘲笑我们的管理水平，如果让某位喜欢'热闹'的记者得知了这件事，你很可能就会在明天的《纽约晚报》上看到诸如'美孚石油公司说油价下调，但却没有'之类的文章。你知道不知道，就是因为你的拖延，很可能会让我们的公司被传为笑柄！"

意识到问题的严重性，詹姆斯连忙说道："您说得对，我立刻去把油价改过来！"于是喘息未定的主管一刻也没有耽搁地把油价改了过来。看见告示牌上的油价得到更正以后，李·雷蒙德面带微笑语重心长地对詹姆斯说："如果我告诉你，你腰间的皮带断了，你打算过一会儿去更换它或修理它，那么，当众出丑的只有你自己。你要记住，任何拖延受害的不仅仅是公司，更是你自己。”

拖延坑害的不仅仅是公司，更是我们自己。很明显，一个总是拖延的人，是不可能做到顾全大局的。知道了拖延带来的危害，我们就应当尽可能地克服这个坏毛病，而避免拖延的唯一方法就是“马上行动，绝不拖到下一刻”。当我们接到了新的工作任务，就应当第一时间切实地行动起来，列出自己的行动计划，然后按照计划去执行，一刻也不能耽搁。如此一来，我们的工作效率会迅速地提升。

诚然，许多人其实并不是刻意想要拖延，他们把事情拖得很久是因为他们喜欢等到万事俱备之后再行动，但他们却忽视了一个事实，条件不是等来的，而是创造出来的。因为很多时候，我们永远等不到外部条件全都完善了的那一天，也就是说，很多工作都会有我们想象不到的困难。只要行动起来，这些困难很有可能就会解决掉。即使暂时解决不了，我们心里至少有了一个底，知道该往何处寻找办法，解决问题。

歌德有一句名言：“只有投入，思想才能燃烧。一旦开始，完成在即。”任何时候，当我们感到拖延的恶习正悄悄地向自己靠近，或当此恶习已迅速缠上我们，使我们动弹不得时，我们都需要用这句话来警醒自己，以激发自己的工作积极性，做到绝不拖延，立即行动。

◎高效完成任务，第一次就把事情做好◎

“第一次就把事情做好”对于一个团队来说至关重要。因为在关乎生死存亡的战场上，绝对不存在第二次选择的机会。一个领导干部能否“第一次把事情做对”，不但关系到自己作为领导者的水平，更直接关系到团队成员的利益，甚至整个公司的利益。

现在有很多员工，在做事的时候都不仔细想想该用什么样的方法，一接到任务马上就开始行动，直到完成为止。虽说马上执行、绝不拖延这是敬业的体现，但是现在的工作绝对不是不需要任何思考，实际上，大多数工作还是需要我们费尽心思去思考的。如果我们什么都不想，就开始做一份工作，看起来自己很努力，但是最后的结果往往却不尽如人意。看到下属工作效率这么低，作为领导的我们，有责任告诉他们问题出在了哪里。

夏宇毕业后，好不容易在一家广告公司找到了一份做设计的工作。由于自己没有什么经验，他担心自己不努力工作的话，就会被老板解雇，所以，他工作起来比谁都卖命。

有一天，老板给了他一个活：给某一位客户设计户外灯箱广告。由于完成任务的时间非常紧，夏宇就没有仔细审核广告的校样。

当设计好的广告送到客户那里，并准备安装时，客户发现了一个问题：在设计的广告中弄错了一个电话号码——服务部的电话号码被打错了一个数字。

客户对此很生气。

本已疲惫不堪的夏宇一面忙不迭地向客户道歉，一面表示马上修改这个错误。忙了大半天才重新弄好。

事后，老板对他说："夏宇，你工作很努力，我们都知道，但你也要注意点方法，就拿这件事情来说吧，如果事前认真一些，把事情做好，就没有必要再耽误一天的活了。"

听到老板的话后，夏宇一个劲地说："老板，对不起，我下次一定注意。"

我们无法得知夏宇是否还会犯这个错误，但可以非常清楚地知道，如果工作的时候没有第一次就把事情做好，那么结果势必很难让人满意。更重要的是，在开始的时候一旦没做好，到最后才发现错了，结果还得重新来过。

这样一来，我们就得花费双倍的时间和精力来工作。就拿夏宇的经历来说，他只是不小心打错了一个电话号码，看起来这只是一个小得不能再小的错误，但是，这个错误却可以给他造成一系列的麻烦和损失。如果修改后影响到灯箱效果的话，那么还得重做。

如果一个普通员工没有第一次把事情做好，那么只是一个任务没有很好地完成；如果一个部门领导这样做的话，那么就会浪费掉公司大量的时间和精力。更为可怕的是，这种错误往往不仅让自己忙，还会放大到让很多人跟着他忙，进而给公司造成巨大的经济损失或形象损失。因此，作为公司的领导干部，当我们发现自己或下属总在反复地做同一个任务的时候，就要想想自己的问题在哪儿。

詹姆斯是一名比较有名气的企业顾问。

有一天，一个企业家来做咨询，他对詹姆斯抱怨地说道："我的工厂总是不能按期完成生产计划，总是延期发货，客户们为此怨声载道。为了赶工期，我不得不又招了100名工人加班加点地赶工，但是生产进展永远都赶不上增加的订单。”

詹姆斯去他的工厂考察了一番：那是一家非常现代化的大工厂，生产设备非常先进；有7条装配线可以把不同的部件组装在一起；在每条装配线的尽头都设置了检查站，一旦哪个环节出现问题，质检人员就会记录在一张单子上。而几乎每台机器都会在某个环节出现不同程度的问题，出现问题的产品被送到返工站，那里搭建了几个工作间，由最有经验的工人负责返工的工作。返工之后，产品就可以出厂发给客户了。

詹姆斯在考察的整个过程中没有说一句话。午餐的时候，企业家终于忍不住问詹姆斯："有什么办法可以减少返工的次数?"他还列举了一些不能不返工的条件：

1. 机器在生产过程中是不可能不出现错误和问题的。

2. 所有的工人都很努力，大家都没有偷懒工作，为了工作，他们甚至可以工作到夜里12点，这已经是工作的极限了。

3. 我们的技术已经是最先进的了。

詹姆斯笑道："我给你的方法非常简单，就是取消返工区。不妨试一下。"

"把返工区取消？哦，不，先生，您不是在跟我开玩笑啊？这样的话，返工的产品在哪里重新修复加工？要知道返工的产品占了全部产品的30%!"

詹姆斯说："我当然不是在开玩笑，你只要做一件事就可以解决所有的问题，而且以后永远都不会出现返工。我希望你能尝试一下，当你尝试了，肯定会吃惊的。"

"这是不可能的!"企业家叫道。

詹姆斯先生没有说话，只是拿出纸笔，写下了这样的建议：

1. 立刻把返工站关闭，让那里的工作人员回到各自的生产线当中去，做指导员和培训员。

2. 在生产线尽头摆上3张桌子，让质量工程师、设计工程师和专业工程师各管一张。

3. 将出现的缺陷按“供应商的问题”、“生产过程中产生的问题”以及“设计的问题”进行分类，并且坚持永远、彻底地解决和消除这些问题。

4. 将机器送回生产线修理。

5. 建立“零缺陷”的工作执行标准。

这位企业家虽然不相信如此简单就能解决他的问题，但还是按照詹姆斯的建议进行了改进。结果，他们发现了许多问题。比如，订购零件时，只看价格高低；没有对生产线的工人进行很好的培训；有的人接受了这样一种观念，就是一切都需要返工。

几星期之后，这位企业家吃惊地发现，生产进度发生了质的飞跃，无论订单如何增加，他们总是能够按时甚至提前完成。不仅如此，他们还在制造车间立了一个标志板，上面写着生产无故障、无缺陷产品的天数。随着时间的推移，这个数字越来越大，且他们还学会了检查新产品的好方法：工人一边装配，一边将出现的问题提出来并解决掉。不仅如此，一般情况，工人们每天只要工作 8 小时就能完成任务。

最让企业家兴奋和自豪的是，由于员工们生产速度快，提供的产品质量稳定、性能可靠，很快便占据了本行业最大的市场份额。日本企业原本已进入了这一市场，但由于看到该公司的领先水平，最终选择了退出。这家企业也成了所属行业中第一家打败日本企业的美国企业。

取消返工区，其实就是告诉大家：第一次就要做对。这样看来，“第一次做对”是如此的重要。公司的领导必须要给下属灌输这样的观念：要想高效率地完成工作，就必须第一次就做好。

◎有时速度比完美更重要◎

现代企业已经进入了全新的时代，企业过去赢得竞争优势的方式，如成本、质量、技术等很难再取得优势，代之而起的是一种不断变化的赢得和维持竞争优势的全新的方式。一个真正具有大局意识的人就应该高效率地完成工作。

在短跑比赛中，没有一个人会去关注一个选手的跑步姿势是不是漂亮，人们关注的只是他的速度。只有速度足够快，才能得到别人的掌声。企业的普通员工也是一样，领导干部更应如此，没有速度就谈不上高效。

很多人都追求完美，却忘记了速度，认为只要质量第一，就没有必要担心产品卖不出去。如果是 20 年前这样想的话，那么肯定没有错，因为以前竞争不是很强，只要产品质量过得去，早晚会有人要。如今只重视质量却不行了，现在已经进入了超竞争的年代，任何一种新产品出来后，只要得到市场的欢迎，那么第二天肯定就会有一大批类似的产品出来。

企业要想让自已的产品一直受欢迎，那么就必须要比别人更迅速地生产产品，这就需要企业的每一位职员快速地完成任务，因为我们的快速执行可能会为公司占据先机，取得市场优势。如果一味地讲求工作的完美，把每一个细节都做到最好，那么，我们可能要花一倍甚至是几倍的时间。这样不仅会增加公司的成本，而且会贻误商机，使公司在市场的竞争中处于被动地位。

因此，作为公司的领导干部，在执行上级任务或分派给员工任务的时候，不要打着“完美”的旗号，把它当成我们不能快速完成任务的借口。一定要按照

“速度第一，完美第二”的原则思考问题。

1998 年发生亚洲金融危机，惠普集团的年增长率由两年前的 30%一下子跌落到 3%，公司宣布，两千多名中高级经理暂时减薪 5%。

华尔街分析师对惠普提出了质疑：为什么在相同的环境下，戴尔、IBM 等公司却没有受到如此的打击？惠普的竞争力为什么会如此低下？其实，主要原因在于惠普在经营中过度地追求品质，延缓了推出的速度，在市场里失去了先机，让其他公司占据了主动。

卡莉成为惠普总裁后，她认为惠普有一流的人才、一流的技术，而业绩不好的原因就是没有跟上市场的速度。于是，她给惠普提出了新的要求：先开枪，后瞄准！快速地推出产品，然后慢慢地改进。惠普在卡莉的带领下，很快就扭转了局面。

你是生产电脑的，我也是生产电脑的，既然两家的产品能长久地受到人们的欢迎，那么产品质量肯定差距不是很大。这个时候，谁能迎合市场需求，更快生产出新的产品，谁就能占据市场。只要赢得了市场，那么即使产品有些无关紧要的问题，也可以在以后的实践中不断地修改和完善。

很多企业在本地占有的市场份额算是数一数二的，但是十几年过去了，依然还只是这样的规模。而有的企业虽然在本地占有的市场份额只能排得上是第三、第四，但是它们发展的速度很快，把市场推广到了世界各地，结果年利润赚几个亿，而那些在本地的老大却只能赚区区几百万。

张辛算是一名比较成功的企业家，他在北京开了几家快餐连锁店。现在在天津、南京等地都有他的分店。但是由于发展得太慢，结果很多后开的快餐店在短短的几年内高速发展起来，已经跻身全国餐饮行业前10强，成功实现上市。此时，张辛想发展已经没有那么多的机会了。因为市场已经被人家给瓜分掉了。

由此可见速度的重要性。所以，我们在工作中在保证质量的同时，一定不要忽视了速度。超过规定的期限内完成，即使再完美，也不可能达到预期效果。如果我们按时完成或者提前完成任务，那么上司很可能就会对你说："很好，虽然有些小问题，不过以后可以慢慢地修正。"如果我们超过了规定的时间，当你把完美的工作成果展示给上司的时候，可能你还没解释就会得到这样的质疑："怎么搞的，现在才做完？你知道不知道，由于你的拖延，耽误了我们部门多少时间?"这个时候，我们能怎么办呢？只好真诚地认错，表示下次绝对不会再拖延了。要知道，浪费的时间，不仅可能给公司造成无法弥补的损失，还会让上司对我们的工作能力产生质疑。

相反，提前完成工作就等于节省了时间的成本，给人留下做事很快、手脚麻利的感觉。想想看，你身边是不是有些这样的人让你对他们非常有好感呢？假设你是老板，你是喜欢员工在最后一刻完成工作，还是喜欢让他们提前交上来，告诉他们你的意见呢？快速工作的时候大脑往往也是高效的，而没有时间要求的人思考的效率也往往是低效的。

需要注意的是，追求速度并不意味着胡子、眉毛一把抓，那些有魅力的人往往是在追求速度之前，先完成了对事情的排序和规划。明白了这点，规划加速度，自己才不会事务缠身。提前完成工作或者按时完成工作，这不仅是我们对自己的要求，也是我们对下属的要求。我们不仅自己要追求速度，还要给员工树立起"速度第一，完美第二"的意识，让他们充分认识到速度的重要性。从一定程度上讲，领导干部和员工是一体的，领导的计划快了，那么员工完成的速度也跟着会快，团队工作进展也就更快。与此同时，这也是领导干部与自己的下属在公司内部竞争中取得胜利的途径。

总而言之，我们需要明白这样一点，速度上的优势会弥补你某些工作上的不足，而工作做得再完美也不能弥补因超时而造成的损失。所以说，领导干部一定要学会正确处理好速度与完美的关系，一旦开始执行工作任务，就要让速度走在完美的前面，在速度中求生存，在完美中求发展。如果你还没有做到，就从现在开始吧，跟时间赛跑，以快取胜。

◎充分利用团队的力量◎

一个领导干部要想高效地完成上级给予的任务，必须要充分利用团队的力量。要知道，一个人能力再强，也不可能把所有的事情全部做好。

众所周知，只有拥有一流的人才，才能成就一流的企业。但是事实却是很多企业不乏一流的人才，但它们却只能成就二流、三流企业。其中主要原因就是这些人才没有被领导充分利用起来。企业的员工没有团队精神，主要责任不在员工身上，而是在领导者身上。我们来看看下面这个故事。

一个农民叫3个儿子拉着车到集市上去买米过冬。

通往集市的路有3条，3个儿子都各自坚持自己认为好走的路，谁都不让谁，拉着车向各自认为对的方向走，可是车却纹丝不动。

这时农民来了，他对3个儿子说："你们这样永远都不能到达集市买到米，只有超一个方向拉，才能到达目的地。"儿子们听了父亲的话，商量好了就朝着大哥的方向走，很快就到达了集市，买好了米。

农民的3个儿子都不是愚人，他们所选的路也都是对的，但是车子必须协同3个人的力量才能拉得动。下属们在同一个单位同一个部门工作，他们自然知道如果不好好配合好别人的工作，就会影响到自己的业绩。

所以，很多时候，他们并不是故意不想配合对方，只是他们可能遇到了工作中常见的情况，就是这个工作这样做也行，那样做也行，如果大家一起按着同一个法子进行的话，那么工作就能很快地完成。但是人们都有一个习惯，总认为自己的想法是对的。我这样做也可以，为什么要采用你的方法呢？如果你一定要让对方按着自己的想法做，别人就会觉得：你又不是领导，你这样做，岂不是在质疑我的智商？

但是，作为一个领导干部来说，当我们把一件任务分给下属的时候，我们就要想到可能出现的情况。农民叫3个儿子拉车到集市上去买米过冬，他肯定知道3个儿子的个性是怎样的，所以，在他们出发之前，他就应该在3个人中选一个代表他的人，也就是我们所说的领导。

在一家公司，有两位主管分别把握着公司两个很重要的部门，他们的个人能力都很强，结果却把公司上下弄得乱七八糟、乌烟瘴气。一年过去了，公司面临倒闭。老板把两位主管叫来，问他们是怎么一回事。

两位主管都拿出了自己是真心为公司工作的理由。最后，老板还是把两人都请走了。

这两人就是没有大局观，不顾全大局。领导干部都这样了，下面还不知道会怎么样。不顾全大局，就会浪费公司的资源，他们看起来是在拼命地为公司付出，但是他们为公司的盈利可能还没有他们造成的浪费多。

领导干部都没有团队精神，意识不到自己的行为对企业的大局有影响，他的下属又怎么可能有这样的意识呢？这样一来，整个企业不就如同一盘散沙了吗？各个部门各怀心思、同床异梦，企业还能生存和发展吗？

那些经常抱怨工作效率提不上去的领导干部，应该先反思一下自己是否有大局意识，然后就要想想如何培养下属们要有大局意识。既然管就要管个彻底，不要只动动嘴皮子。每个企业、部门之间各不相同，身为一个领导干部，首先要了解自身，然后要深入到基层，让自己变得善于发现，这样，解决起问题来才会胸有成竹。

老赵被任命为一个化妆品公司的销售部门经理，很多同事都替他捏了把汗，因为上司是明摆着让他去收拾烂摊子。同事们都劝老赵："老赵啊，推掉吧，销售部门已经换了两个经理了，都没有起色，你还是不要去啃这块硬骨头了。"

老赵却笑着说："3个月之内我一定让它起死回生，你们就等着瞧吧。"同事们开始瞪大眼睛看老赵有什么回天之力。

出乎同事们意料的是，到部门上任的第一个月老赵什么也没做，只是按时下班，员工们也都在纳闷："都说新官上任三把火，这位经理是怎么回事?"

一个月后，老赵开始行动了，他取消了业务员们单独跑业务的制度，按照他一个月的了解，把他们分成了几个小组，把两个能力最强的人任命为组长，并要求小组成员把各自优点发挥出来，相互学习，弥补不足之处。结果几个月下来，公司的业务量很轻松地翻了一番。员工感觉自己本身和先前的工作量一样，突然之间扭转了局面，心中自然是欢喜的，干劲也足了起来。

顾全大局是一个领导干部最基本的职业素养，领导干部一般太忙，不可能对下属工作的具体状况有全面的了解，如果管理的人多的话，就更加不知道下属的工作状况了。有的领导每天开早会以了解下属的工作情况，但是这样做取得的效果并不是特别好。领导需要全面地了解下属的个人能力以及性格等状况，让他们合理地搭配起来。只有合理地搭配，他们才能高效地执行。

第十五章 ／ 求真务实

求真务实指的是在实事求是的思想路线指引下，不断地认识事物的本质、把握事物的规律，并在规律性认识的指导下去实践。一个领导干部不能在工作上做到求真务实，就无法真正地做到顾全大局。

◎不折不扣地履行自己的承诺◎

孔子说："人而无信，不知其可也。"此话旨在告诉我们，不诚实守信、言行不一，就无法立足于世，也无法行而为人。作为领导，说话算数，绝对不打折扣，这是效率的开始，一旦令出不行，领导的威信以及组织的纪律都会荡然无存。

早在春秋战国时期，有个叫作商鞅的人就已深刻地认识到诚信对于威信的重要性。商鞅是卫国人，来到秦国后，虽然得到秦孝公的支持推行变法，但他知道，作为一个初来乍到的外国人，在秦国的官民中缺少必要的威信，这是推行变法首先要解决的问题。

商鞅上任后做的第一件事，就是下令在都城南门外立一根三丈长的木头，并当众许下诺言：谁能把这根木头搬到北门，赏金十两。围观的人很多，但没有人愿意做，因为没人相信如此轻而易举就能得到这么高的赏赐。看到这种情况，商鞅不得不将赏金提高到五十两。这时，有个人抱着试一试的态度将木头扛到了北门，没想到真的获得了五十两赏金。这件事很快就传遍了秦国。接下来，商鞅推行变法人们都不再怀疑了，变法很快在秦国推广开来了。秦国从此走上了强盛之路。

团队的纪律是什么？其实就是所有人都说话算数。如果一个领导干部带头说话不算数，那么其下属自然就把工作不当一回事了。作为领导，说话算数，绝对不打折扣，这是效率的开始。

从字面上看，诚信是指一个人诚实可信，让人感觉靠得住，和这样的人交往比较放心，起码不会上当受骗。可以说，诚信是人的一种优良品格，是自律的一种体现，是一个人的立身之本。

同样是关于诚信，在早于商鞅几百年前有这样一个故事。周幽王有个宠妃叫褒姒，是一个冰美人，从未对人笑过。为此，周幽王下令："谁要能叫娘娘一笑，就赏他一千两金子。"有人给他想出了点烽火戏诸侯的馊主意，以期博取褒姒一笑。

于是一天傍晚，周幽王带着爱妃褒姒登上城楼，命令四下点起烽火。临近的诸侯看到了烽火，以为西戎来犯，便兴师动众地带兵去救援，却没想到到了城下看到这么一幕：灯火辉煌，鼓乐喧天。诸侯们一打听才知这只是周幽王为了取悦娘娘而干的荒唐事儿，诸侯敢怒不敢言，只好愤然离去。褒姒见状，果然淡然一笑。只是没有想到的是，不久后，西戎果真来犯，虽然点起了烽火，但各诸侯以为周幽王又是故技重演，都按兵不动。结果都城被西戎攻下，周幽王被杀，褒姒被俘，西周因此灭亡。

千百年来，《烽火戏诸侯》这部戏不断被搬上舞台，但仍然有不少人把诚信视为儿戏，最终肯定没有什么好下场。一个领导若想做好管理，一旦承诺了，就绝对不能打折扣。

虽然历史上因不讲诚信而失去威信的例子比比皆是，但是有些人就是不汲取教训，一旦走上领导岗位就忘乎所以、恣意妄为。很多单位的领导在下属中没有威信，说话没人听，原因就是平时不注意以诚立威，制订政策不深思熟虑，乱表态，最后不能兑现，从而失信于下属。连下属都不相信你了，你还怎么能搞好管理呢。

在某机关有一个王处长，他是一个喜欢给别人开空头支票的人。前些时间，单位分来了一位刚毕业的小伙子，是学计算机专业的，当他第一天上班的时候，王处长就把他叫到办公室，笑眯眯地对他说："小张啊，我看了你的简历，很好啊，以后咱们单位的计算机就交给你了，有什么故障你就帮忙给看看，如果有需要升级你就费费心给升一下。你日后一定前途无量，我最喜欢有专长的人了！"

听到王处长这么一说，小张就像打了兴奋剂一样，激动地说："处长您放心，我一定不会让您失望的。"果然，在之后的几天小张天天加班，好像有用不完的力气，于是才几天的工夫就把单位的电脑全部大修了一遍，而且还把计算机全部升级。王处长高兴地对小张说："不错，像你这样的人才，我一定要提拔，不过最近这段时间比较忙，得过一阵子。"

听到这儿，小张恍如看到了自己美好的未来，不但工作特别积极、努力，而且只要晚上有空就去王处长家里教他儿子学电脑。其他同事看到小伙子这么卖力，心中就知道是怎么回事，都暗暗地摇头，为他不值。

就这样3个月过去了，王处长却迟迟没有提拔他的意思，小张实在是忍不住了，于是就去问王处长，而王处长却支支吾吾地说：“这个嘛，我还得再研究一下。”

听到这样的话，小张心里非常生气，同事老李拍了拍他的肩膀说：“你刚来不久，可能不知道，在我们单位说话最没数的人就是王处长了。你知道吗，4年前，他还和我说要提拔我做科长呢！这不，到了现在我仍然还是一个科员。”这下小张不得不怀疑王处长的人品了，再也不像以前那么帮助王处长了。不久，王处长的工作出现了非常严重的失误，这个时候没有人愿意帮他，最后他因为这次失误被降职调走了，没有一个人不拍手叫好。

分析王处长的遭遇就是在于轻易许诺，好话一箩筐，又不兑现承诺，威信全失。如此不讲诚信的人，遇到困难的时候，不但没人帮他，而且还墙倒众人推，顺势推他一把，让他一败涂地。

然而，团队要有效率，就必须要有纪律。要有纪律，领导干部则必须做到诚信，只有领导者先做到了诚信，才有资格让下属们言而有信，说到做到。慢慢地，所有的人都能按时完成任务了。

◎把实事求是作为考核员工的第一标准◎

领导干部在考核下属绩效的时候，一定要坚持实事求是、客观公正、全面综合的考核原则，绝不能因个人好恶，一叶障目，把事实颠倒。要让员工在同一个平台上同时竞争。如果考核的时候做不到实事求是，任何员工都不能管好。

人是感情动物，在评价一个人的时候，难免会被自己的个人情感和喜好所影响。作为一个领导干部，在考核一个员工的时候，要努力做到实事求是。实事求是是考核员工的第一标准。

刘春光是一家高级饭店的厨师，他工作非常努力。有一天，他被告从厨房往家里拿菜。饭店经理知道后非常生气，结果降低了刘春光一级工资，并给予警告处分。

刘春光什么都没有说，依然像往常一样勤奋地工作。请假回家归来的厨师长知道这事后，马上找到了经理，对他说："刘春光往家里拿菜是跟我打过招呼的，他母亲患癌症多年，现在已经到了晚期，他是独生子，每天下班后都要去菜市场买菜，回家照顾母亲。前段时间，我们饭店顾客多，厨房的工作量大，他没有时间去菜市场买菜，就跟我说了，从厨房拿点菜回家，等发工资后再补上，这是他自己记录的拿菜清单。"

经理接过清单一看，上面记录得清清楚楚，什么时候拿的菜，品种是什么，价钱是多少，历历在目。经理看过这个清单后，感慨地说："我对情况了解得太少了，都怪我失职啊！”

当晚，经理和厨师长一起看望了刘春光的母亲，恢复了他的工资并取消了对他的处分。

考核员工一定要从实际出发，实事求是，根据员工的综合表现进行公平、公正、公开的评价。实际上，考核一个员工的绩效跟考核一个人的品质有很多类似之处，很难做到“非此即彼”的判断。员工可能在这件事上做得不好，但是事出有因，领导干部不能被一时的表面现象给蒙蔽了。所以，领导干部一定要考虑周全，了解实情，只有这样才能让员工心服口服。

某公司的一位主管对一位员工说：“小李，我昨天让你写的会议报告，你怎么还没交上来啊！没有报告，你叫我怎么开会。”

“不完全是那么一回事。开发部的高总打了电话过来，说是会议推迟了，所以我就先做别的事情了……”

“我知道他打电话给你。但你要知道我先说过要看那份报告。”

“我知道，可是高总说有更重要的事情……”

“我不是早跟你说了吗？我才不管谁跟你打电话。你是我部门的人，你应该听我的。”

“可是……”

“就这样。赶快—— 趁我还没发火。”

小李做错了吗？从大局来看，他做的未必有错，但是上司却没有给他解释的机会。作为一名领导干部剥夺了下属解释原因的机会，并且没理由地就责骂了一位优秀的下属，这不仅会对下属的自尊心造成严重的伤害，也将给部门的其他下属留下恶劣的印象。

我们可以站在小李的角度想一想，如果上司对某件事不了解清楚，就对自己严加指责，还不给自己陈述理由的机会，那么我们会作何感想呢？我们是否会满腹委屈地诉说？倘若如此，我们对工作还有主动性吗？对上司还有信赖感吗？

事实上，员工做的不一定对，但他可能是有苦衷的。作为领导干部必须清楚地认识到自己对某件事情的了解是有限的，在没有对这件事全面了解之前，不要轻易地作出结论。

小张毕业于国内一流的美术院校。他人生的第一份工作是一家广告公司给予他的，所以他非常想为公司贡献出自己的才华。他拼命努力地工作，在做好自己本职工作的同时，还经常向主管提出自己一些富有创意的想法。但是，主管并没有因此而赏识他，相反，却非常忌妒他的才能。在工作中，处处打压小张，总是抓住他的一些小毛病不放，真可谓“吹毛求疵”。

两年过去了，跟小张同时毕业的同学都纷纷升了职，加了薪，而他拼命地为公司工作，还只是一位普通的员工。无奈之下，他只好选择辞职去另外一家广告公司。在那里，由于他能力非常强，很快就得到了主管的重用，开始独当一面了。

由于小张表现出色，这家公司的业务越做越大，和很多公司都建立了合作的关系，其中就包括小张原来的广告公司。后来，原广告公司知道了这件事，就把那位“嫉贤妒能”的主管给开除了。

做不到实事求是考核员工的领导要么是有私心，要么是能力差。这样的人早晚会露出马脚的，到那时，势必会迎来被踢出局的结果。

综上所述，考核员工一定要实事求是，实事求是其实就是顾全大局，让员工感觉到公正、公平，他们才会觉得自己跟对了人，工作起来才有激情。

◎不偏心，才能赢得尊重和信任◎

当下，人们对于公平、公正的要求越来越高，享受公正的待遇已经成为员工奋力追求并尽心维护的权利。这就要求领导干部们要怀有一颗平等之心，将一碗水端平。这样才会得到员工的尊重和信任，他们才会更积极地投入到工作中，为团队持续向前发展尽心尽力。

“老板，我今天有事，我得先走了。”“经理，我觉得还是巴西队厉害，这次比赛一定是他们拿第一。”“谢谢老板给我加薪，我一定好好干。”……看到领导再次“恩准”某位同事早早下班回家，或者和某位同事在办公室里推心置腹地聊天，而大家却在办公室里拼命地工作，让人相当窝火；看到领导给自己喜欢的同事加薪，业绩与能力都比对方稍胜一筹的你，难免会觉得不公平。

有最新数据显示，在员工觉察到的领导的各种不当行为中，偏心排名第一。要知道，对所有的员工一视同仁是身为领导必须具备的基本素质。在一个团队里，领导要公正，切不可偏心，不要总是让自己比较喜欢的员工做那些容易做，又容易出成绩的活；也不要总是把比较无聊，没什么挑战性的工作分配给自己认为能力不太强的员工；更不要有事没事地就给自己喜欢的员工一些小恩小惠。一个部门没有所谓的公正和公平就很难为公司做出贡献，作为一名领导干部，我们必须一视同仁地对待所有员工，让他们感觉到公平。

如果领导在工作中经常听到类似这样的言论：“有什么了不起的，还不是因为领导的偏爱。哼，真是看不惯他……”就一定要反省自己的行为：自己是否真的对于某某过于袒护？因为这些员工表面上是对某某的怨气，但在他们的心中，其实是对领导不满。这样下去，员工们可能会认为："既然你那么袒护某某，什么好的工作都分给他，那么我们也没有必要用心给你干了，全都交给某某一个人完成好了。"当员工出现这样的心理时，这个团队的效率肯定是很低的。

早期的杜邦公司采用的是家族色彩极浓的个人管理。这种制度在管理上有个很大的弊病，就是领导在日常工作中往往会偏袒家族里提供的人才以及所喜欢的人才，这样就对另外一些员工造成了不小的打击，严重影响了他们的积极性，最终影响杜邦的发展。

为了改变这种状况，犹仁·杜邦决心进行改革，建立责权明确的有限责任公司，组建了杜邦公司执行委员会。于是，杜邦公司的管理不再是一个人，而是由委员会多人一起组成。在管理上，杜邦也使得管理权高度分散，并采取了轮流调换管理人员的做法，让领导无法偏袒他所偏爱的员工。这样一来，员工们都积极地发挥出自己的能力，使企业获得最大的凝聚力。

其实，领导偏爱某位员工，对得到特殊照顾的他来说也并不是一件好事。因为他成了领导的"红人"，显得高高在上，别人就会和他划清界限，慢慢地将他孤立起来。如果他的工作需要别的同事配合，他就别想别人能尽心尽力了。

刘邦打败项羽后，凯旋洛阳，对功臣论功行赏。主要功臣都得到了封赏，但刘邦却迟迟没有给一部分人封赏。

一天，刘邦看到一群将领聚集在一起，似乎在商量什么，便问身边的张良："他们在干什么呢？""他们在商量谋反呢！"张良答道。

刘邦大惊："江山是他们打下的，怎么还谋反？"

张良答道：“陛下靠这些人得到了天下，但你只对所偏爱的大臣进行封赏，他们很不服气。并且他们害怕陛下怀疑他们平时的过失而诛杀他们，所以才聚在一起准备谋反。”

听张良这么一说，刘邦急了，赶紧问：“那怎么办呢?”

张良说：“我听说陛下最恨的大臣是雍齿，你现在只要赶快对他进行封赏，其他人就会安心了。”于是，刘邦大摆宴席，封雍齿为什方侯。诸将欢声雷动，说：“雍齿尚且被封侯，我们还担心什么?”

领导干部做不到一视同仁，必然使一些人不把精力放在工作上，而是挖空心思投领导所好，整天给领导拍马屁，以此博得领导的喜爱，自己也好乘机捞取利益。而且这些小人还会挖空心思将其他能力强、业绩好的同事搞下去，整个团队也会被搞得乌烟瘴气，造成小人横行而好人受气的局面。这样，领导还怎么进行管理?

总而言之，领导一定要对下属做到一视同仁。当然，在一定的范围内，领导可以偏爱下属，毕竟谁都不是圣人，遇到一些谈得来的下属自然要亲近一些，但一定要做到公平，让大家服气。不过有时候主观上是公平的，但由于种种原因，客观效果却不一定那么公平，即使是公平的，又因为每个人的理解不一样，也会有人认为不够公平。那怎么办呢？这就要求领导干部以“公心”来管理，凡事做到透明、公开，正如一位名人所说：“平不那么容易，只要公就行了。”

◎赏罚分明，下属才能够踏实工作◎

管理必须要赏罚分明。领导做不到赏罚分明，员工就很难做到踏实地工作，因为他们担心努力了却不能得到回报。最终，企业也很难得到持续发展。所以，领导者必须要做到赏罚分明，这是作为一个领导干部最基本的能力。

亚当斯是美国著名的心理学家，他在研究分析人的积极性与分配方法的关系时指出：工资、报酬的合理性和公平性对人们工作的积极性有较大的影响。这就说明，“赏罚分明”能使人口服心服，进而让他们有较强的进取心，顺利完成任务，否则公司的各种问题就会不断出现。

某工厂的员工工资是基本工资加计件提成。第一年工厂效益明显上升，按照制度计件提成增加了百分之十，员工的工作积极性大增，并且不少人积极加班；第二年效益继续上升，但计件提成没有增加，接下来，员工不仅不认真工作，而且还出现不少生产事故，工厂效益下滑。

工厂的领导分析了效益下滑、生产事故不断的原因源于此。于是立即向员工道歉，恢复计件提成。为了取信员工，他们补上了提成。员工们看到了领导的诚信，工作积极性又燃烧起来了，生产也安全了，效益也开始不断上升。

企业的制度不能今天这样，明天那样，朝夕令改的管理方式只会损失领导者的威信，让自己管理起来越来越混乱。聪明的领导者和企业必须要让员工相信赏罚分明是真实的、长久的，只有这样，他们才会积极工作，给企业创造更大的财富。

在一家企业里，如果不是以工作来衡量一个人的贡献的话，员工们就会把注意力集中在如何巴结权贵为自己沽名钓誉上来。这样，企业里真正干事的人就站不住脚，投机就会层出不穷，企业离倒闭也就不远了。

赏罚分明是企业管理之中的重要手段，而且赏罚分明并不是只要有一套明确的赏罚制度就可以了。因为制度是死的，而人是活的，我们必须要做到的是，赏与罚都要做到让员工心服口服。

赏罚分明是公正的体现，公正是一个优秀的领导者必须拥有的品质。无论在什么单位，如果一个领导做不到赏罚分明，体现不出公正，就会有员工说他不适合做领导。那么如何做到赏罚分明呢？领导者要胸襟宽广，严格按照企业的规章制度实施奖惩，绝不能因为个人的好恶而废弃了企业的规定。领导要做到赏罚分明，以下几个原则可以借鉴。

第一，有过必有罚。一个团队必须讲究纪律，不能因这个人平时对自己好或者是亲朋好友，有过就不惩罚。西蜀孔明北伐时，马谡不听他的调动，擅自做主丢失街亭。虽然马谡才气过人，得到诸葛亮的器重，但为了严肃军纪，诸葛亮还是忍痛挥泪斩马谡，并上表请求自贬三等，承担失败之责，从此蜀军上下再也不敢违命。有过必罚，不能优柔寡断，感情用事，这样上下才能团结一致。

第二，有功必有赏。下属有功劳而不奖赏，会让他产生不服气的心理，以后就不肯立功，甚至与领导离心离德，难以领导。《说苑》言：“有功者不赏，有罪者不罚；多党者进，少党者退；是以群臣比周而蔽贤，百吏群党而多奸；忠臣以诽死于无罪，邪臣以誉赏于无功。其国见于危亡。”有功必赏，可以激励员工的工作态度，也能融洽上下级关系。

第三，双管齐下。赏与罚双管齐下，并且两手都要硬。下属取得成绩，给予肯定，不吝啬表扬；下属犯了错误，给予指正，并先检讨自己是否教会了下属正确的工作方法。“罚”的目的在于“惩前毖后，治病救人”。

在下属的心目中，领导的责任通常与其权力是等同的。赏与罚都必须善加运用，这样才能体现出领导的公正，才能获得下属的信赖和支持，进而发挥团队的力量去促进企业的发展。

◎实话实说，问题才容易解决◎

当我们犯了错误的时候，不要采取消极的逃避态度，而是应该在发现错误的时候，马上想一想自己应怎样做才能最大限度地弥补过错。只要我们能以正确的态度对待它，勇于承担责任，错误不仅不会成为我们发展的障碍，反而会成为促使我们前进的推动力。

对一个希望在职场上有所作为的人而言，一定要做到实话实说，勇于负责。然而现实状况是，我们常常发现一些人犯了错误，习惯性地把大事说成小事，以此来达到逃避责任的目的。但实际上，责任是逃避不了的，我们必须实话实说，只有让大家知道了真实的情况，大家才会用心地想办法，帮助我们把问题解决掉。

有一家企业老板在大会上对所有人说：“公司现在面临着一个很严峻的问题，如果解决不了的话，那么公司很可能就会倒闭，我希望大家跟我一起想办法来解决问题。”

于是，公司的所有员工都在想着如何解决这个问题。最后，经过大家的努力，问题终于解决了，公司转危为安。

这个故事告诉了我们一个道理：把实情说出来，大家才会了解真实的情况，然后才会用心去解决问题。

在工作上遇到困难了，我们不告诉下属，也不汇报给上司，而自己又暂时想不到什么办法，就这样一直拖着，拖到最后很可能一件小事就会变成大事。

为了避免这种情况发生，领导干部一定要对工作求真务实一些，有了困难及时说，好让大家一起出谋划策，想办法解决问题。

刘诚是某公司的采购主管，他听从了另一部门经理和自己部门经理助理的建议，犯下了一个很大的失误。那个部门的经理和助理认为，浙江的义乌有个产品运到陕西会有很好的销路，结果刘诚在采购过程中听从了他们的建议，透支了账上的存款数额。

公司对零售采购商有一条至关重要的规则：不可以透支自己所开账户上的存款数额。如果你的账户上不再有钱，你就不能购进新的商品，直到你重新把账户补满为止。通常这要等到下一个采购季节，这是一件很危险的事。

那次正常的采购完毕后，刘诚的上司突然打来电话告诉他，广州有一家企业生产的一种新式旅行包在欧洲很受欢迎，要求他采购一部分。

刘诚没有为自己犯的错误而开脱，而是向上司阐述了自己大量采购义乌那一种产品的具体情况，坦诚地向上司承认自己的失误。同时，配合上司向总部申请追回拨款，再采购新式皮包。

尽管上司有些不高兴，但他还是设法给刘诚拨来一笔款项。后来，义乌那种产品和广州那个新式旅行包在推向市场后，深受顾客欢迎，卖得十分火爆。

因此，公司高层对刘诚和他的上司都给了一笔丰厚的奖赏。

犯了错误，就要实话实说，不要找任何借口。我们对上司实话实说，虽说可能会因此而被撤职、被处罚等，但是，因为我们及时承认错误，上司会想办法为我们收拾残局，让公司的损失降到最低，最后上司很可能会因此原谅我们。相反，如果我们隐瞒了错误或者上司问起来为什么做成这样，我们再寻找各种各样的借口，即使最后你侥幸没有让公司遭受到什么损失，恐怕也很难在公司待下去了。

有一位政府部门的工作人员被调到某高校做系主任，这是他第一次做教育工作。他知道老师们都很想评上高级职称，为了在新岗位上树立威信，刚上任不久的他就向本系青年教师许诺说，今年可以让他们中三分之二的人评上中级职称，甚至个别优秀的老师连高级职称都有可能评上，结果大家一阵欢喜。但当他向学校申报时，却发现出了问题——学校不能分给他那么多名额。

这位系主任据理力争，四处奔跑，说得口干舌燥，但依然不能把问题解决。他又不想把具体情况告诉系里的教师，只对他们说："放心，我既然向你们保证了，就一定要做到。"

最后，职称评定情况公布了，众人大失所望，背后将这位系主任骂得一钱不值，甚至有人当面指着他说："主任，这是怎么回事，怎么我没有被评上，你答应的呀。"而校领导也批评他是"本位主义"。就这样，他刚上任没多久，就在系里信誉扫地，校领导也对他失去了好感。

既然做不到了，就要实话实说。像上面事例中的这位系主任，为了一时笼络人心，没能兑现自己的诺言，向大家放了"空炮"，这样的人又怎么能得到众人的信赖和尊重呢?

其实，当我们真的遭遇到困难之后，不妨把实际情况告诉大家，说不定大家会原谅我们呢!

年初的时候，某公司的老板向本公司的全体员工许诺说，年底可以给他们加薪百分之十。

可是到了年中的时候，由于行业的不景气，公司的业务也出现了很大的问题，整整下半年公司都处在亏损的状态。到了年底，公司已经到了入不敷出的地步。

这时，老板不得不向所有员工道歉，把具体情况一一向员工说明，虽然有个别员工对老板这种开“口头支票”的做法很是反感，但是大多数员工还是原谅了老板。

工作中，经常会出现变故，当我们已经对事情失去了掌控能力的时候，就要把具体情况告诉你的上级或者下属，让大家一起想办法解决。我们时刻都要谨记：凡事都要以大局为重，工作上的事情不是我们个人的事情，它关系着整个部门，乃至整个企业的利益。